미술심리상담사의 필독서

미술치료 임상실습과 수퍼비전

이 현 주

미술심리상담사의 필독서
미술치료 임상실습과 수퍼비전

초판 1쇄 인쇄 2021년 11월 23일
초판 1쇄 발행 2021년 11월 30일

지은이 이현주
펴낸이 백유창
펴낸곳 더테라스

신고번호 제2016-000191호
주 소 서울 마포구 양화로길 73 6층
Tel. 070-8862-5683
Fax. 02-6442-0423
seumbium@naver.com

ISBN 979-11-979568-1-2

값 15,000원

목차

1장 임상실습과 수퍼비젼의 이해

I. 임상실습이란

1) 미술치료 임상실습의 의미
- 임상실습과 수퍼비젼 교과목은 다른 전공과는 구별되는 과목이며, 치료사로서 전문가가 되기 위한 자기 관리를 목적으로 하는 필수 과정임
- 임상실습은 미술치료가 실제가 된다는 학문적 특성상 매우 중요함.
- 전문적인 미술치료사가 되기 위해서는 학문적 측면과 더불어 예술적 측면 그리고 임상적 측면에 대한 균형 있는 소양이 필요함
- 임상실습을 통하여 미술치료사는 다양한 내담자군을 만나는 기회를 갖게 되며, 동시에 미술치료사로서 개인의 성숙을 위한 내면탐색의 기회와 훈련의 과정으로 이루어지게 됨.
- 실습 현장에서의 경험은 과정들이 미술치료사로서 성장하는데 가장 기본적인 초석이 되며 그 경험을 바탕으로 전문인으로서의 성장을 이루어 나가는 첫 걸음이라 볼 수 있음.
- 학생 신분으로 내담자를 만나는 것에 대한 불안, 부족한 자신감에 의

해 무턱대고 찾아가서 임상실습을 시작하는 경우가 많은데, 실제로는 임상실습 장소 선택 시 훈련을 잘 받을 수 있는 곳인지 꼼꼼히 따져보아야 함.

- 실습 현장에 따라 4가지 유형으로 나눔

임상미술치료

기관중심 미술치료

의료미술치료

일반인을 위한 미술치료

- 대상군에 따른 미술치료의 여러 가지 유형은 내담자의 연령에 따라서 아동, 청소년, 성인, 노인 미술치료로 세분화할 수 있고, 그들의 이슈는 신체적, 정신적 장애나 병, 정서, 심리적인 문제까지 다양하며, 재활, 교육현장에서의 접근도 이루어지고 있음

- 그 외에도 학대나 폭력을 경험한 사람들, 역기능을 가진 가족, 사회보호시설에 거주하는 사람들, 만성적 고통이나 증상을 가진 사람들을 대상으로 미술치료가 시행되고 있음

- 다양한 영역에서 미술치료사가 활동하면서 미술치료사의 전문적인 훈련을 위한 노력이 지속적으로 필요하게 됨

- 다양한 내담자군에서의 임상 참관 및 실습의 기회를 통해 환자의 경험과 함께 개인적 성숙을 갖추기 위한 내면적 탐색의 기회와 훈련과정을 갖게 됨

- 임상실습을 하고 임상 감독을 받는 것은 초기 임상 실습생들의 유능한 임상 전문사고 성장과 발전을 증진하기 위함이며, 내담자를 보호하고, 전문인이 되기 위해 필요한 경험을 획득하기 위함임.

2) 임상실습시 우려점

- 임상실습을 하는 곳에서 수퍼비젼을 받을 수 있는지
  - 현장에서 수퍼비젼을 받을 수 있다면 임상 장면에서 나온 이슈들이나 예측하지 못한 상황에 대한 대응, 미술치료 세션의 진행 방향에 대한 구체적인 사실들을 다루게 될 수 있는 장점이 있음
  - 미술치료 세션의 진행 방향에 대한 구체적인 사실들을 다루게 됨
  - 임상 실습 장소와 교육기관에서 모두 수퍼비젼이 제공되는 것이 치료사로서의 훈련에 매우 중요함
- 평소 자신이 가지고 있는 질문에 대한 답을 얻을 수 있는 곳인지(스스로 자신이 무엇에 관심이 있는지)
  - 실습생 때의 임상경험이 나중에 치료사의 성격을 결정지을 수도 있고 연구나 논문의 주제가 되기도 하므로 스스로 자신이 무엇에 관심이 있는지, 어떤 것을 알아보고 싶어 하는지 미리 생각을 정리해 보는 것이 필요함
  - 평소 미술치료에 대한 의문들을 탐구해 갈 수 있는 현장인지 점검해 봐야 함
  - 단순히 어떤 현장에 가느냐가 중요한 것이 아니라, '정말 미술은 치유적인가?', '어떤 메카니즘으로 치유적 경험이 이루어지는가?', '미술 작업과 미술교육, 그리고 미술치료 작업은 어떤 차이가 있는가?' 등 근원적이고 폭넓게 적용될 수 있는 질문에 대해 탐구하고 도전을 허용하는 적절한 자극과 도움이 제공되는 현장을 우선되어야 할 것임
- 어느 정도 공신력이 있고 구조가 잡혀있는 곳인지

- 지도 감독이 제공되니 않은 현장일 경우, 실습 기간에 경험하기 쉬운 실수 등이 다루어지지 않거나 책임을 져야 할 경우 실습생에 대한 보호도 이루어지지 않을 수 있음.
- 안전한 구조(환경)가 형성되어 진다면 실습생들에게 치유적 경험의 속성을 탐구하는 과정에 몰입할 수 있도록 우호적인 환경을 제공해 주는 울타리 같은 역할을 담당하게 됨

II. 수퍼비젼의 필요성과 이해

1) 수퍼비젼의 정의 및 필요성

- 미술치료 수퍼비젼은 이미지를 다루며 이것을 통해 이루어지는 상호작용을 말함

- 미술 심리치료사가 되기 위해 받아야 하는 교육과 수련의 필수적인 과정으로 자신의 사례를 토론하고 임상 현장에서의 역할과 전문성 확보 및 서비스를 제공하기 위한 방법을 전수받는 형식을 취함.

- 미술치료는 회기 중에 이미지가 발생하는 창의적인 작업의 과정 있기 때문에 다른 어떤 심리치료 분야의 수퍼비젼보다 특수성과 어려움을 지님

- 미술치료 영역에서 미술치료사의 자질 향상에 중요한 영향을 미치는 수퍼비젼은 미술치료의 질적 확장과 안정화에 기여하며 많은 중요성과 관심을 기울여야 하는 영역임

- 미술치료에서 요구되는 목적은 이론에서 현장 실제로의 전환이 용이하고, 임상실습의 적용을 도우며, 내담자를 돕고, 자신의 일과 관련된 스스로에 대한 이해를 발달시키며, 이 과정에서 직면하는 도전들을 극복하도록 돕는 것임

- Wadeson(2013)은 엄격한 훈련을 통해 미술치료사에게 요구되는 기본적인 치료적 책임을 질 수 있는 능력이 생기도록 하기 위해 미술치료 수퍼비젼의 필요함을 강조함.

- 실습생들이 초기 현장실습에서 여러 경험을 하게 되므로 수퍼비젼을

통해 실습 현장에서 무엇을 해야 할지 알게 되고, 실습생들이 고민하고 있는 것에 대한 올바른 방향을 설정하게 됨.

- 수퍼바이저는 실습생들이 미처 접해보지 못한 제도적인 절차나 응급상황에 대해서도 즉각적으로 도움을 주고 실습생으로서의 책임과 한계에 대해 이해함으로서 안전한 테두리를 제공하는 역할을 담당함
- 수퍼비젼은 임상실습 훈련 과정에서 없어서는 안 될 중요한 장치임
  → 이론과 지식을 현장에 적용시키는 데에서 오는 간극을 객관적인 시각에서 제공해주기 때문
- 수퍼비젼이라는 과정을 통해 치료사로서 훈련되고 인격적인 성장이 이루어지는 것임

2) 수퍼비젼을 효율적으로 이용하기 위해서는

- 수퍼비젼을 통해 들은 내용을 소화하고 생각하여 내 안에 무르익도록 하는 것이 중요
- 다른 사람에게 묻기 전에 자신이 먼저 답을 찾아보는 습관을 들이도록 함
- 실습생이라는 위치를 수동적으로 메신저의 역할이 아니라 답을 찾아가는 능동적인 탐구자의 역할로 변화시키는 것이 필요함
- 자기 의견이 자라나야 자문이나 수퍼비젼을 논의할 때 좀 더 풍부한 시각의 논의가 가능함
- 이런 과정이 치료사로서 자율성과 자주성이 확보되는 것임
- 수퍼비젼은 치료사로서의 훈련을 기본으로 하지만 개인적인 성장도 이루어지는 장임을 이해하여야 함(남의 의견을 듣는 것에도 훈련이

필요함)
- 같은 질문이나 실수를 반복하지 않도록 노력해야 함
  - 수퍼비젼의 기능 중 하나는 실수나 의문을 탐구해보고 이것을 다시 현장에 적용시키면서 자신의 의견도 확인하고 배워가는 것임

3) 수퍼비젼의 종류

- 임상현장에서 이루어지는 수퍼비젼
  - 외부 현장에서 임상경험을 하는 경우를 말함
  - 현장 수퍼바이저에게 지도받는 경우 임상장면에서 일어나는 이슈들과 상황에 따른 대응, 세션 방향과 같은 구체적인 사실을 바탕으로 내담자 문제와 기관 환경에 대해 훈련하게 됨
- 교과목으로 이루어지는 수퍼비젼
  - 사례발표와 지도로 이뤄지는데 수퍼비젼을 통해 치료사로서의 잠재력, 창의성, 정신적 자원 등을 재발견하고, 내적 에너지를 활성화하게 됨.
  - 임상의 불확실성, 정서적 어려움, 스트레스 및 심리적 소진 등을 상호교환하고 해결하는 과정을 경험하게 되어 수련생들에게 기대와 두려움을 갖게 함.
  - ▶ 치료사를 위한 실습 훈련을 위해서는 이 두 유형으로 수퍼비젼을 받는 것이 중요함

III. 수퍼비젼에서의 윤리

1) 미술치료사의 윤리적 영역

- 미술치료사가 다뤄야 할 윤리적인 영역은 내담자와의 치료 상황에서 다뤄야 할 복잡 미묘하고, 중요한 부분임
- 수퍼비젼에서 이에 대해 다루는 것은 당연하며 현실적이고 다양한 측면에서 논의 되어야 함
  1. 전문가로서의 태도
  2. 사회적 책임
  3. 인간권리와 존엄성에 대한 존중
  4. 치료관계
  5. 정보의 보호
  6. 상담연구
  7. 심리검사
  8. 윤리문제 해결

2) 미술치료에 대한 윤리적. 법적 문제

- 내담자, 이미지 그리고 치료사 자신의 권리와 책임 등과 관련이 있음
- 미술치료에서는 다른 정신건강 분야에서 다루지 않는 "미술작업"영역을 다루게 됨
- 미술작업'은 미술치료가 갖고 있는 고유한 요소이자 미술치료 상황에서 미술치료의 상호작용을 구성하는 내담자, 미술작품, 미술치료사의

관계를 연결 짓는 중요한 부분임
- 미술치료에서 내담자의 작품에 대한 권리는 신중하게 논의되어야 할 요소임
- 수퍼비젼에서 미술작품의 진단, 전시, 기록, 보관, 소유권에 대해 다루고, 미술치료사들이 이미지와 관계 맺는 법, 이미지를 만든 사람들과 관계 맺는 법, 그리고 서로 관계를 맺는 방법 사이에 상관관계가 있음을 다루어야 함
- 미술치료사는 윤리적으로 '재료'와 '도구'의 효과를 고려해야 하는 책임이 있음 → 수퍼비젼에서 미술 재료 및 도구에 대해 윤리적으로 다루는 것은 다른 윤리적 영역과 마찬가지로 중요함
- 미술작업의 해석에 관한 부분 역시 윤리적 측면에서 다루어야 함

2장 임상실습 기관 및 실습생의 태도와 고려해야할 점

I. 실습이 이루어지는 기관과 실습생의 태도와 임무

I. 실습이 이루어지는 기관과 실습생의 태도와 임무

1) 임상실습 기관의 종류

- 미술치료는 여러 가지 기능으로 인해 다양한 기관에서 실습을 진행하게 되고, 그 현장에 따라 매우 독특하고 특수한 경험을 함

  ■ 임상미술치료(CAT)

  - 주로 정신병리를 갖고 있는 사람들을 대상으로 함
  - 환자군으로 형성되어 정신건강, 때로는 생명을 다루는 역할까지 하기 때문에 타 분야의 기관보다 힘든 경험을 하게 됨
  - 철저한 학문적 토대와 경쟁력이 요구
  - 미술치료 유형 중 강도가 가장 높고 임상 훈련도 혹독하게 받게 됨

  ■ 기관 중심 미술치료(IAT)

  - 기관설립 배경에 따라 교육적 배경, 복지배경, 사회적 배경, 기업,

심리치료기관, 위기 개입, 웰빙, 기타 등으로 나눔.

- 교육적 배경으로는 특수학교, 복지배경으로는 치매 기관, 교도소, 장애인 복지관, 청소년 지원센터, 쉼터, 위탁기관 등, 사회적 배경으로는 다문화센터, 이혼조정기관, 새터민 기관 등, 기업의 배경으로는 기업 내 상담센터, 노-사 갈등 조정기관 등, 위기개입의 배경으로는 성폭력 기관, 아동보호기관, 재난기관 등
- 특수 대상자 중심의 교육이 필요하기 때문에 관련의 경험과 이론이 요망됨

■ 의료 미술치료(MAT)
- 정신병리를 제외한 신체적 질환으로 인하여 관련 병원에 입원하는 남녀노소 다양한 연령대의 환자들을 위한 미술치료 유형
- 각종 사고, 암, 교통사고, 임산부 집단, 호스피스 환자 등
- 다양한 병동에 입원해 있는 환자들로, 신체적 질병으로부터 회복을 잘하기 위해 이완을 유도, 지루함을 달래면서 스트레스 및 통증과 불안을 감소시킬 수 있음

■ 일반인을 위한 미술치료(NAT)
- 자기통찰, 자기표현, 통찰을 일으키기 위해 실시
- 예방적 차원에서 접근하고 행복감이나 삶의 질을 고취시키기 위한 목적을 갖는 기관

• 4가지 미술치료 유형의 임상실습을 통해 실습생들은 미술치료사로 성장하기 위한 훈련을 함
- 실습생들은 자기 자신에 대한 불안감을 보임

- 미술과 심리치료라는 두 가지 영역의 새로운 지식에 대한 혼란을 경험
- 실습현장에서 미술치료를 진행할 때 인지적, 정서적으로 준비가 부족함을 느끼며 좌절감을 느낌

2) 실습생의 태도와 임무

- 미술치료사 훈련과정의 목표는 이론과 실습이 통합임
- '연구자-교육자-평가자- 현장실무자'의 모델로 대변됨
- 이 과정은 교육과 실습과정을 통해 다뤄지게 됨
  - 연구자
  : 연구 계획서 발표의 준비, 연구 방법론, 양적 질적 통합적 연구의 수행능력 등이 기본적으로 요구됨
  - 교육자
  : 미술치료의 세부 유형의 특수성을 구분하는 기초 능력과 함께 현황분석, 버전 제시 등을 다루어야 함
  - 평가자
  : 미술 심리검사의 수행능력, 미술치료 회기 관리 능력 등이 요구됨
  - 현장실무자
  : 치료 대상자의 특성에 따라 나누어지는 4가지 유형의 현장실습과 더불어 각 유형과 맞물리는 수퍼비젼을 받는 것이 요구됨
  : 현장실습은 다양한 내담자군을 개인 및 집단으로 만나는 다양한 임상 참관 및 실습의 기회를 갖게함
- 실습생으로서 요구되는 개인적 특성, 성품, 자기 자신의 경험을 환자

의 경험과 함께 다루어 내는 능력과 개인적 성숙도 갖추어야 함
- 실습을 통해 다양한 내면적 탐색의 기회와 훈련이 될 수 있음
- 임상실습은 내담자를 보호하고, 전문인이 되기 위해 필요한 경험을 배울 수 있게 됨
  - 실습자의 태도
    : 실습자는 임상을 위해 대화 기술, 사례 이해, 치료계획 등과 같은 전반적인 발달 정도를 현장에 맞게 익혀야 할 태도와 의무가 있음
    : 내담자를 실제 만나는 현장에서 실습생이 무엇을 어떻게 경험하는 지에 따라서 어떤 미술치료사로 성장해 나가는지 영향을 받음
    : 자기에 대한 심층적 이해와 수용적인 태도가 필수적
  - 실습자의 임무(역할)
    : 보조치료사의 역할일 경우 세션 시작 전에 주 치료사와 보조치료사 가 분명한 역할을 인지해야 함
    : 서로의 방법을 존중하며 신뢰와 존경을 토대로 역할을 인정해야 함.
    : 관찰/ 기록자의 역할일 경우 치료과정을 기록하고, 주 치료사와 관 점을 달리하여 치료 상황을 관찰 기록함.
    : 구성원들의 작품을 촬영 및 보관
    : 활동 위주의 프로그램이 진행될 경우 진행 과정을 촬영하거나 다양 한 형태로 관찰하여 기록함
    : 지원/ 조력자의 역할
    : 정서적 지지자의 역할
    : 집단의 상호작용을 주 치료사와는 다른 관점에서 관찰하고, 결과를 평가하며 유용한 피드백을 제공하는 역할을 하기도 함

II. 임상실습 어떻게 시작할 것인가

1) 임상실습 어떻게 할 것인가

- 치료의 성공률은 치료사마다 큰 차이가 있고, 동일한 치료사라 하더라도 각각의 사례마다 차이가 나며, 성공률의 차이는 치료 방법에 의한 것이기보다 치료사로 인해 일어남
- 치료사의 개인적 경험과 속성, 특성을 가지고 내담자를 만나기 때문에 임상현장에서 치료사의 자신의 감정과 경험을 조절. 통제하는 것은 치료과정과 결과에 영향을 미침
- 실습 기관의 방침과 정책을 이해하고 준수할 수 있도록 함
- 참여할 내담자들에 대한 정보를 이론적으로 학습함
  - 실습지의 기존 미술치료 프로그램 방식을 숙지하고 적용할 수 있도록 함
- 미술치료를 위한 물리적 환경을 안전하고 적절하게 조성할 수 있어야 함(미술재료 구비, 관리, 미술치료실 정리 등)
- 미술치료 세션의 기록을 남길 수 있는 기록지나 녹음 등 준비
- 내담자에 대한 미술치료 사례 개념화를 함

2) 미술치료 계획 준비

- 임상실습장소가 결정된 다음 구체적으로 어떻게 미술치료를 진행할 것인지가 과제가 됨
- 대체로 정해진 구조 내에서 정해진 위치로 배정이 되는 경우가 많지

만, 새로운 치료 회기가 구성되기도 함 ⇒ 미술치료의 계획을 요구받음

- 실습생들은 미술치료를 계획하기 위해 자신이 일할 현장의 성격을 파악하거나 자신이 할 미술치료 프로그램의 성격을 점검해야 함
- 한 기관의 구조도를 그려야 함
- 미술치료의 성격과 목표, 미술치료사의 정체성과 역할을 알 수 있음
- 개인 치료실이라면 개인 미술치료사에 의해 결정되나, 기관의 경우 기관마다 차이가 있음
  - 재활부서에 속할 수도, 진료부서에 속하기도, 작업 치료와 같은 부서에 속하기도 함
  - 성격 면에서도 어린이 병원에서는 아동발달을 돕기 위해 발달적 접근을 강조한 세팅이 되기도 함
  - 내담자의 변화를 도모하기 위한 상담 파트에 들어가기도 함
- 미술치료가 어느 부서에 속하는지에 따라 미술치료의 목적이 무엇인지 파악할 수 있음
- 기관에서 추구하고자 하는 미술치료의 목적이 내담자의 특성이나 미술치료가 갖고 있는 내재적 속성의 지향점과 맞지 않는다면 협의가 필요 ⇒ 행정적인 구조를 파악하는 것도 중요
  - 수퍼바이저 또는 상급자와 소통으로 정확한 파악이 중요함
  : 미술치료가 들어가 있는 파트에 어떤 서비스들이 있는지
  : 내담자들이 평균적으로 치료에 머무르는 기간은 어느 정도인지
  : 내담자들의 전반적인 특징에는 어떠한 것들이 있는지
- 구조는 미술치료의 목적 형성에 영향을 미침

- 미술치료의 목적 형성은 여러 요소를 종합해서 설정하게 되는데 다음과 같은 내용을 고려하여 이루어짐
  - 병, 장애, 인격, 행동, 적응 등 어떤 것을 중점으로 다루느냐
  - 평가나 심리검사 차원에서 제공되는 것인지
  - 치료적인 처치인지, 정서적인 지지인지
  - 부모교육과 같이 교육적인 차원인지
  - 위기 개입 같은 단기 개입인지
  - 예방적 차원에서의 접근인지

3) 일반적인 관점에서 미술치료의 목적

- 부적응적 행동, 정서, 증상의 감소나 완화, 적응적 행동 양식의 습득, 적절한 대인관계 학습, 자아실현 등
- 재활적인 측면으로는 손실된 기능에 대한 정서적, 인지적, 현존하는 기능을 유지하고 잠재력을 지지

  〈주의점〉
  - 비현실적 목표를 설정
  - 이상적인 목표
  ∴구체적인 목표나 전략을 항상 염두에 두어야 함

III. 임상실습 시 고려해야할 점

1) 동의서의 형식과 중요성

• 동의서는 두 가지로 나누어 볼 수 있음

① 내담자가 기관이나 치료실에 찾아와서 치료를 개시할 때 작성하게 되는 동의서

　　치료에 동의, 치료과정에 적극적, 성실하게 참여하겠다는 내용

② 정보사용 및 미술작품 사용 동의서

- 미술작품을 특정한 목적이나 조건하에 치료사가 사용할 수 있음을 내담자가 허가하는 동의서를 말함

- 실습기관에서 받는 동의서가 있으나, 미술치료의 경우 미술작품의 공개가 포함되므로 미술치료 세션에 관한 동의서를 따로 작성하는 것이 좋음

- 내담자가 정보사용을 동의하지 않을 경우, 치료는 개시될 수 있으나 사례는 사용하지 못함

- 초기에 동의를 하였더라도 나중에 동의를 철회할 수 있음을 주지하고 있어야 함

- 동의서는 내담자 자신이 동의하는 내용을 인지하고 자발적으로 동의하여야 효력이 발생

- 법적으로 대리인이 있거나 미성년자인 경우 법적 대리인이나 부모, 친권자 등의 보호자가 서명하여야 함

- 서면으로 작성된 동의서를 우선하나 구두로 동의한 뒤 이를 세션 기

록으로 남기기도 함

- 동의서에 포함되는 내용들은 기본적으로 다음과 같음

  ‥ 정보 공개에 대해 다루고 결정한 날짜

  ‥ 치료사와 내담자의 이름, 서명, 필요한 경우 증인의 서명

  ‥ 제공되는 치료방법에 대한 기술

  ‥ 비밀유지와 이의 제한점

  ‥ 내담자의 정보가 공개되는 정확한 목적. 경우에 따라서 정보사
    용 기간

  ‥ 내담자의 정보수집 형태: 녹음, 사진 촬영, 비디오 촬영 등

- 내담자가 동의서의 개념과 내용을 충분히 이해하고 있다는 사실을
  증명하는 문장

- 내담자가 치료를 그만두거나 언제라도 동의를 거둘 수 있다는 내용
  의 문장

- 동의를 하는 주체가 동의
  서 안에서 명확하여야 하
  고 작품의 사용 목적이나
  정보수집 형태에 대한 정
  보가 명료하도록 주의를
  기울여야 함

- 동의서의 예시

미술 작품 및 정보사용 동의서

본인 (내담자 이름) 은(는) 미술치료 기간 동안 제작한 작품의
사진 촬영을 허가하고 이 사진들과 관련된 정보를 다음과 같은
목적으로 미술치료사 (미술치료사 이름) 이(가) 사용하는
것에 동의합니다. 경우에 따라서는 미술치료 시간의 비디오 촬영
및 녹음이 포함될 수 있으며 그런 경우 치료사가 사전에 이 사실
을 통보할 것을 알고 있습니다.
본인의 작품이 사용되는 목적은 다음으로 제한합니다.
□ 치료팀과의 치료 계획의 논의 및 자문, 수퍼비전의 목적
□ 논문, 강의, 학회 발표 등의 교육적인 목적
□ 인터넷을 통한 교육 및 홍보의 목적
□ 출판
또한 모든 경우에 본인의 이름 및 개인적 사항이 충분히 보호되
며 본인의 의사에 따라서 동의사항이 변화하거나 철회될 수 있음
을 이해합니다.

　　내담자 이름_____ 서명_____
　　보호자 이름_____ 서명_____
　　사용자 이름_____ 서명_____

　　　　　　작성일 _____ 년 _____ 월 _____ 일

2) 내담자의 욕구 영역

- 내담자가 치료를 받고자 하는 욕구 이해하기
  ① 장애나 병을 가지고 있는 사람들이 장애나 병의 완화를 위해
  ② 진단을 받지 않았지만 현실 생활을 하는데 불편함과 어려움을 갖고 있을 때
  ③ 영적인 건강과 조화 등을 위해

3) 치료사의 이론적인 배경의 점검

- 임상실습의 훈련과정은 다양한 이론의 적용을 공부하고 시험해 가면서 자신에게 맞는 이론을 찾아내고 좀 더 풍부한 이해를 쌓아 전문성을 찾아가는 과정임
- 자신이 가진 이론적, 철학적인 원칙이나 믿음이 실현 가능한지 등을 점검하는 것이 중요함
- 자신의 이해의 범위를 제한하는 구속이 되지 않도록 주의를 기울이는 것이 필요
- 단순한 어떤 이론 외에도 사회와 인간, 삶을 바라보는 태도, 사회의 한 구성원으로서의 책임감, 윤리 등도 포함됨을 잊어서는 안됨
- 훌륭한 치료사는 절충적이며, 이론과 훈련들이 자연스럽게 임상장면에 실현되어야 함

3장 사례개념화

I. 사례개념화에 대한 정의

1) 사례개념와의 정의
- 사례개념화는
  - 내담자의 심리적. 대인관계적 . 행동적 문제, 이 문제와 관련된 원인 및 촉발. 유지 요인들, 내담자가 가진 강점을 파악하는 것임
  - 파악한 내용에 대한 종합적 이해에 근거하여 문제해결의 방향과 전략, 기법을 계획하는 것
  - ▶ 이 두 가지를 사례개념화와 계획으로 구분하기도 하고, 전략과 기법이 적용되어 가설을 수정 보완하여 정교화 하는데 사용

① 내담자의 심리적 역사와 호소문제에 대한 이해를 의미함
  ⇒ 내담자 문제의 성격과 원인에 대해 상담자가 도출해낸 이론적 설명을 포함함
  - 내담자와 관련된 정보를 토대로 상담자의 이론적 지식과 임상적 경

험을 활용하여 내담자의 문제의 성격과 원인에 대해 일련의 가설을
세우는 것을 말함

- 하나의 가설로 초기 아동기 외상(trauma)과 병리적 학습 경험, 생
리적. 유전적 영향, 사회문화적 영향, 현재 작용하는 강화인, 자신과
타인에 대한 부적응적 도식과 신념 등에 기반한 취약점들을 잠정적
인 추론으로 포함할 수 있음

- 문제를 보는 견해, 역동과 역동간의 상호작용, 주된 주제, 총괄적 개
념화

② 일회적이고 단정적인 것이 아닌 잠정적이고 연속적인 설명 혹은 추론

- 상담이 진행되는 과정에서 추가적인 정보와 판단에 따라 언제든지
수정. 보완될 수 있음

- 사례개념화의 목적은 상담자의 가설을 입증하는데 있는 것이 아니
라 내담자 문제를 정확히 이해하고 문제해결을 돕는데 있음

Sacco와 Beck(1995) 曰

> "경제적이고 효과적인 상담으로 안내하기 위해서 내담자와 내담자의 문제에
> 대해 보다 경제적으로 이해해 나가는 과정

③ 초기 세워진 가설은 추가의 정보수집 과정을 통해 검토하여 정교화,
혹은 수정해 가면서 완성되어 가는 지속적인 작업임 ⇒ 가설검증

④ 가설이 기초한 기술적 정보와 가설로부터 나온 처방적 권고를 포함

- 기술적 요소는 내담자의 생활과 현재의 문제에 대한 중요한 사실로
구성

- 기술적요소란 현재의 문제와 그 문제와 관련된 심리적 스트레스 요인, 역사와 개인의 발달적, 사회적 역사, 심리검사 결과들을 포함
- 처방적 요소는 상담유형, 상담 면담의 빈도, 기간, 상담목표, 목표달성의 장애요인, 예후, 투약이나 집단 상담 등 병행할 만한 방법에 필요한 의뢰 등을 포함함

2) 사례개념화의 기능

- 사례개념화는 내담자에 대한 복잡하고 모순된 정보들을 조직하는데 도움을 줌
- 잘된 사례개념화는 내담자 문제를 전체적인 내. 외적 요인을 체계적인 맥락으로 이해하게 해주고, 효과적인 상담 목표와 계획을 수립하도록 함
  → 치료를 이끄는 청사진, 내담자를 더 잘 이해하게 해주는 구조로 기능
- 정확하게 세운 사례개념화는 내담자가 자신의 문제를 보다 정확히 바라보게 함
  → 자신의 문제를 정확하게 보고 해결 희망을 갖게 해주어 내담자의 동기를 높이는 역할을 하게 됨
- 내담자는 상담자가 자신의 문제를 깊이 이해하고 있고 적절한 상담 목표와 계획을 제시하는 것에 신뢰와 전문성을 높이 평가함
- 상담과정에서 본격적인 치료를 효과적으로 해 나가는 데 기초가 됨 상담자- 내담자의 작업 동맹을 공고히 해주며 상담의 성공을 촉진

- 사례개념화 능력을 갖추기 위해 치료자 나름의 이론 체계 정립이 필요
  → 정서적 알아차림 능력을 갖추고 있어야 함
- 사례개념화 능력은 치료자의 전문가로서의 수준을 평가할 수 있는 중
  요한 기준이 될 수 있음

II. 사례개념화의 구성요소

1) 사례개념화 요소

- 종합적 사례개념화 요소 목록을 수정 보완한 요소임

요소명	세부내용
기초적 요소	현재 증상, 현재 문제, 호소문제 내담계기(경위) 첫 기억 내담자의 말투나 외모
개인내적 요소	개인의 강점 및 자원 현재 문제화 관련되는 내담자의 역사 내담자가 문제를 표현하는 방식 현재 문제(증상 포함)와 관련된 감정 및 욕구, 핵심 정서 사고 패턴
대인관계 요소	대인관계 문제 어린 시절 주요인물과의 관계 상담자-내담자 관계 대인관계 패턴 상담자의 역전이 감정

2) 종합적 사례개념화 - 요소목록 -

유목명	사례개념화 요소별 내용
현재 문제 및 증상	1. 내방계기: 지금 상담에 오게 된 이유, 사건, 문제
	2. 주호소: 주호소문제, 주호소 관련 제반 문제와 증상
	3. 기타증상: 상담자가 파악한 신체, 행동, 심리 및 기타 증상, 문제의 현재 특징 등
	4. 핵심문제 및 핵심정서: 문제의 핵심 역동, 내담자의 핵심문제와 관련된 핵심감정
	5. 객관적 정보: 심리검사 결과 및 진단, 학년, 성적, 휴학여부, 이수 여부 등
역사적 배경	1. 내담자 발달 역사 : 문제와 관련된 성장 환경, 가족 역사, 문제 관련 기타 이력
	2. 문제의 기원과 역사 : 시작된 시점, 문제의 원인이라고 할 수 있는 사건과 그 당시 상황, 문제의 지속 역사
개인적 요소	1. 자아개념 : 정체성, 자기상, 자존감, 자아효능감, 자아개념 등
	2. 통찰 내용과 수준 : 내담자가 문제와 자신, 자신을 둘러싼 인적. 물적 환경에 대해 가지는 통찰 정도와 그 내용 등
	3. 인지적 스타일 및 특징 : 비합리적 신념, 부적응 도식 등
	4. 정서적 스타일 및 특징 : 정서순환의 싸이클, 표현 정서의 폭과 적절성, 호소 문제에 대한 내담자의 정서, 내담자의 분노, 공포 및 두려움 등
	5. 신체. 생리. 행동적 특징 : 섭식패턴, 성적 기능, 수면패턴
	6.Want(원함) : 상담과 상담자에게 바라는 것, 상담 및 변화에 대한 동기 및 의지, 내담자가 원하는 해결방향 및 해결 양상 등
외적(상황)요인	문제를 지속시키는 상황적 요인 : 문제를 지속, 촉발, 강화시키는 요인들과 그 근거 등
대인관계 특성	대인관계 양상 및 문제 : 가족, 친구 등 타인과의 관계, 관계의 지속성 여부, 대인관계 패턴, 대인관계 특성 및 양상에 대한 기술

자원 및 취약성	1. 상담효과에 긍정적인 상황과 강점 : 외모, 타인에게 주는 호감도, 상담 약속을 지킴, 성공경험, 지지적 경험, 지지적 대인관계망, 스트레스에 대한 인내력, 스트레스 대처 능력, 의사소통 능력, 정서 표현 능력 등
	2. 대처전략 : 내담자가 문제 및 그 해결에 대해 갖는 대처 전략 혹은 대처 계획
	3. 상담진전에 부정적인 상황과 약점 : 고민, 이슈, 문제, 증상, 대인관계 기술 혹은 문제 해결 기술 결핍, 향상의 장애 요소 등
종합이해	상담자의 이론적 배경에 근거한 문제 전체, 문제의 원인과 과정 등에 대한 종합적 설명과 평가
목표 및 계획	1. 최종 목표(혹은 장기 목표) : 1, 2, 3 으로 표시
	2. 과정 목표(혹은 단기목표) : 1-1, 2-1, 2-2 등으로 표시
	3. 상담전략 : 상담목표를 얻기 위한 탐색 방향 설정, 초기 상담계획, 상담유형, 상담 면담의 빈도와 기간, 투약. 집단 상담 등 병행할만한 방법 포함, 전략은 a, b, c 등으로 표시
	4.상담목표 달성의 예상장애요소 : 상담목표당성에 장애. 장벽으로 상담자가 예상하는 요소. 요인들

III. 사례개념의 보고서

1) 사례개념의 분석의 예

- 사례개념화하기 위한 탐색 질문의 예

  - 강의의 예는 개인 사례의 내용으로 강의 노트에는 사례개념화 영역별 작성지로 남겨드립니다. 개별적으로 연습하시는 것이 바람직합니다.

〈사례개념화 영역별 작성지〉

유목명	개념화 내용	추가탐색 질문
내담자 현재 문제 및 관련 증상		
문제와 관련된 역사적 배경		
문제와 관련된 내담자의 개인적 요인		
문제관련 내담자의 외적 요인		
내담자의 대인 관계 특성		
내담자의 자원 및 취약성		
문제/내담자에 대한 종합적 이해		
상담 목표 및 계획		

2) 사례개념의 보고서

미술치료 사례개념화

1. 내담자의 인적사항 및 특성

2. 의뢰경위 및 상담배경

3. 내담자 주 호소

4. 내담자의 가족사항

5. 내담자의 발달사항

6. 심리검사

7. 치료자가 본 내담자의 문제(사례개념화)

8. 치료목표 및 전략

9. 치료진행 (미술치료프로그램 구성 및 치료회기)

10. 치료결과

4장 미술치료 임사과정(미술치료과정)

I. 치료계획

1) 치료개입의 결정

- 미술치료 방법을 결정하려면 구체적인 기법에서 출발할 것이 아니라 치료개입의 방향이나 방법에 대해 결정해야 함
- 구체적인 방법을 결정할 때는 상대가 누구인지, 어떤 문제가 있는지, 어떤 치료 목표를 가져야 하는지부터 시작되어야 함
  - 미술치료방법을 선택하는 구체적인 과정
  : 문제의 이해(주호소를 중심으로) → 목표의 설정(양적 경감, 질적 변화) → 개입 방향 설정 → 구체적 기법
- 내담자의 주호소를 중심으로 문제를 정리하고 이해하라.
  - 첫 단추는 내담자에 대한 평가로 시작하고, 내담자의 평가는 주호소를 중심으로 시작하는 것이 좋음
  - 주호소는 가능한 한 명확하고 구체적이고, 분명할수록 좋음
  - 주호소는 치료가 진행되면서 바뀌기도 하지만 처음 치료방향을 잡

을 때 가장 중요한 역할을 함

- 미술치료를 하면서 주호소를 제대로 잡지 못하는 경우

  : 실제 생활 수준에서 주호소를 잡지 않고 심리적 특성으로 주호소를 잡거나, 막연하고 모호한 말로 주호소를 삼는 경우

  : 그림 특성으로 주호소를 잡는 경우

  : 바뀔 수 없는 부분을 주호소로 잡는 경우

• 주호소 찾아가기

- 현재 삶에 적응하는데 어떤 어려움이 있는가 구체적으로 찾는 것-현재, 적응, 구체적

- "일"과 "관계"

  : 내담자의 문제가 행동, 감정, 대인관계 중 어디에서 드러나는지 밝히는 것

  : 주호소를 찾고 나면 목표를 설정하는 것도 자연스러워짐

• 주호소를 잡기 어려운 경우

- 본인이 원하지 않은 상태에서 어쩔 수 없이 미술치료를 받는 경우

- 주호소를 잡기 어려울 경우에는 치료적 라포를 형성하고 난 다음 주호소가 나오게 됨

- 치료를 시작할 때 마이너스 포인트에서 시작했다는 전제로 진행해 볼 수 있음

2) 치료목표의 설정

• 치료 목표를 구체적이면서 분명하게 설정, 목표는 반드시 주호소 및 내담자에 대한 평가와 연결되어야 함

- 주 호소가 질적, 양적으로 변하는 것이 치료의 목표가 됨
- 행동/감정/관계상의 문제가 양적인 차원에서는 줄어들고, 질적인 차원에서는 변화해서 다른 것을 대체되는 것이 목표가 됨
• 예: 주의가 산만한 것이 가장 큰 문제인 아동의 경우, '질´의 개념으로 목표를 설정하면, '주의집중´을 설정할 수 있음.
- '양'의 개념으로 목표를 설정한다면 산만한 정도를 낮추는 것이 목표가 됨
- 구체적 문제를 주호소로 이와 관련된 감정 상태나 심리적 상태를 정리 후 원인으로 추정되는 이유가 무엇인가 가정해 봄
• 주호소와 문제를 정리하기

종류		내용
구체적 문제		- 교사 지시를 따르지 못함 - 친구와의 마찰과 공격행동 - 행동화(소리지르기, 나뒹굴기) 모친에게 공격행동(물건 던지기, 욕하기)
관련된 심리적 문제	상태	- 좌절 인내력 부족 - 충동 통제 능력 부족 - 적절한 요구 능력 부재 - 우울 가능성, 낮은 자존감, 충동적, 공격적
	원인	- 엄마와의 관계에서 정서적 안정과 적절한 훈육이 부재했을 가능성

3) 개입방향 설정

• 주호소와 치료목표가 어느 정도 잡혔으면 어떻게 그 목표를 이룰 것인가
- 치료목표를 위해 성취하기 위해 필요한 것은 무엇인가

- 무엇 때문에 주호소가 계속되고 있는가
- 잘 모르고 있는 부분이 있어서 주호소가 지속되고 있는가
- 감정적으로 너무 흔들리고 있는 것이 문제인가
- 적응적인 행동이 무엇인지 연습해 볼 기회가 없었는가
- 내담자들의 주호소와 치료목표에 따라 무엇이 부족하며 어떤 부분을 채워야 목표에 도달할 수 있는가

① 정보의 전달
- 심리치료 분야에서 정보의 전달은 매우 중요.
- 잘못된 정보로 불안해하거나 죄책감을 가진 내담자가 많음
- 정보의 전달이 치료적일 수 있고, 좀 더 섬세하고 사려 깊게 진행되어야 함
  예: 부모들의 자녀 양육 등

② 내담자의 문제에 대한 정리
- 지금 현재의 시점에서 구체적으로 어떻게 문제가 되는지 정리해 보는 것이 필요
- 문제의 원인을 알아가고 이해하면서 풀어갈 수 있음

③ 내담자의 자기이해
- 어떤 문제를 해결하고 매듭지으려면 먼저 그 문제가 무엇인지 만나야 하고, 그 문제를 깊이 이해해서 소화해야 함
- 미술치료에서 만나게 되는 이미지는 마음속의 생각 및 감정과 깊은 관련을 맺고 있어, 이미지를 통해 자기 자신의 모습을 발견해 가는 것은 강력한 경험이 됨

④ 감정의 카타르시스

- 막힌 감정을 뚫어주고 억눌린 감정을 풀어주며 찢겨진 감정을 보듬
  어 주는 것
- 감정을 조절할 수 있는 능력을 키워 줌

⑤ 새로운 행동의 학습
- 내담자들은 잘 몰라서 못하는 경우가 많음
- 어떻게 감정을 조절하는지, 어떻게 자기자신을 지키는지, 타인과 거
  리를 건강하게 유지하는지... 치료시간에 직접적 혹은 간접적으로
  배워 갈 수 있음

⑥ 성숙
- 자신의 삶을 더 잘 받아들이고 다른 사람들과 조화를 이루면서 편안
  하게 살게 됨
- 현실을 소화하는 능력이 커지고 좌절과 어려움을 견디는 능력이 커
  지는 것임

II. 치료과정

1) 치료과정에서 고려할 점.

• 치료가 진행되는 과정에서 속도를 고려해야 함 ⇒특히 마음을 다룰
  때 중요

- 속도는 치료사와 내담자의 조율과정인데, 치료사가 더 섬세하게 맞추어야 할 조율임
- '머물러 있을 것'인지 '움직일 것' 인지
- 표출할 것인가 소화할 것인가를 고려
- 표출을 돕기 위해 미술치료사가 안전한 공간(심리적 공간)을 제공, 진솔하게 그대로를 느껴야 함
- 소화는 표출되어 나온 재료들을 마음으로 되새김질하는 작업임
- 내담자가 소화하도록 치료사는 질문을 던져서 돕기도 하고 경청하기도 하며 해석하기도 함
  - 내담자들과 치료동맹을 맺어야하며, 공동의 합의된 목표를 성취해야 함

2) 미술치료의 구조화

- 치료에서 경계를 설정하기
  - 경계(원칙 또는 치료 구조)란 치료가 전문적인 서비스가 되게끔 돕는 하나의 틀이라 할 수 있음
  - 틀에 대한 약속을 지켜나갈 때 건강한 치료결과를 기대할 수 있음
  - 내담자가 어리거나 심리적으로 약한 사람인 경우 엄격한 부모 밑에서 자란 내담자일 경우 좀 더 융통성 있게 대하거나 허용적으로 대하는 곳이 좋음
  - 경계가 분명하게 설정되는 부분은 치료시간, 치료약속, 치료비, 일상생활에서의 접촉, 이중관계 가능성, 위급할 때의 도움 등임
  - 그 외 약물치료 병행, 종결을 고려해야 함

3) 미술치료의 과정과 개입

1. 미술작업하기

- 내담자가 몰두할 수 있는 작업을 찾게 되고, 이후에는 작업과정을 보호하고 북돋우면서 풍부해지도록 도와줌
- 미술치료사는 내담자에게 집중해야 하고, 내담자에게 보유 환경, 지지 환경을 제공해야 함
- 미술작업에서 중요한 것은 미술치료사가 '제3의 손'이 되어주는 것
- 제3의 손인 치료사는 내담자가 자신의 내면세계나 감정을 시각적인 형태로 나타내는 것을 어려워하거나 어느 부분에서 막혀 있을 때 그 난관을 극복하게 도와 줌

① 작업 주제 정하기

- 어떤 작업을 해야 할까 하는 고민은 내담자와 함께 풀어나가는 것이 최선
- '오늘 뭘 하면 좋을까?', '어떤 것을 해 보고 싶으세요?', ' 지난 시간 에 했던 것을 계속해 볼래? 아니면 새로운 것을 할까?', '이번 시간 에는 이것과 저것이 있어 어떻게 해보고 싶니?'
- 작업 주제를 정할 때 고려할 것은 내담자의 기능수준과 자아강도 임

<u>기능수준</u>

- 혼란스럽거나 와해되어 있는 내담자/환자의 경우 구체적인 주제가 도움이 됨

<u>내담자의 자아강도</u>

- 어느 정도 강인하다면 좀 더 비지시적이고 개방형 접근이 가능 함

- 자아강도가 미약하거나 불안하다면 더 구체적이고 지시적인 접근
  이 필요

② 미술작업에서의 규칙
  - 기본적으로는 내담자가 스스로를 자해하거나 파괴하지 않고 존중
    하도록 돕는다는 원칙이 있음
  - 개인 미술치료보다 집단 미술치료에서 작업 규칙이 더 분명하게 다
    루어지는 편임
  - 어떤 종류의 미술치료든 원칙을 살펴보면 내담자의 행동에는 제한
    을 두지만, 표현되는 내용이나 주제, 표현하고자 하는 감정에는 제
    한이 없음

③ 작업 돕기
  - 미술작업을 하면서 내담자가 도와달라고 하면 돕는 것이 좋음
  - 의존적인 내담자라도 도와주고 의존적인 면에 대해 다루는 것이 좋
    음
  - 구체적으로 도와달라는 요구가 없는 경우에는 작업에 직접 참여하
    지는 않더라도 그 옆에 '따뜻하게 바라봐 주는 시선'으로 함께 할 수
    있고, 재료를 준비하거나 하는 등의 행동을 할 수 있음
  - 그림을 잘 못 그리는 내담자
    ‥ '잘 그리고 못 그리는 것은 중요하지 않다'는 말로 격려함. 각자 자
      기만의 고유한 방식으로 표현하는 것을 촉진하기 위해서임
    ‥ 미술작업은 하나의 능력만 관여하는 것이 아니기에 여러 가지 다
      른 능력이 관여되는 복합적인 영역임
    ‥ 내담자에게 잘 맞는 작업을 함께 찾는 것이 중요하며, 이미지를 표

상하는 작업이 어려운 경우 감각경험을 활성화시키는 것도 좋음

④ 수용하기와 거절하기

- 거절도 때로는 치료적임

‥ 내담자의 행동이나 요구가 지나치거나 부적절한 경우에는 거절해
야 하며 한계를 밝혀 주어야 함

‥ 미술재료의 과다 사용

: 내담자들이 재료를 어떻게 사용하는가 하는 것은 낯선 환경에 어
떻게 다가가느냐 하는 점을 상징적으로 보여줌

⑤ 기다려주기

- 심리치료는 어떻게 말하느냐의 문제가 아니라, 어떻게 듣느냐의 문
제라고 함

- 미술치료는 내담자에게 듣는 것이 하나요, 작품으로부터 듣는 것이
다른 하나임

- 잘 듣는다는 것은 있는 그대로 비춰 줄 수 있음을 의미함

2. 미술작업 후 대화하기

- 미술작업 후 대화는 통찰지향적 미술치료의 정수

- 미술작업 후 대화는 상호관계 안에서 깊이 들어가는 것

관찰하기	발견하기	연결하기
• 과정관찰: 작품을 만드는 과정이 어떠했나 되돌아 봄 • 작품관찰: 그림 속 형식요소 및 내용 요소가 어떠한가 살펴 봄	• 요소 발견: 작품에 두드러진 요소는 무엇인지, 어떻게 보이는지, 어떤 느낌인지 살펴봄 • 통합발견: 작품 전체의 느낌을 발견함. 작품에 이름을 붙이고 의미를 발견함 • 변화발견: 여러 작품에 걸쳐서 흐름을 발견함. 그림 속 주요 대상의 사이즈 변화, 색깔 변화, 위치 변화 등을 살핌	• 요소 연결 : 작품의 요소 간에 비슷한 면을 연결함 • 회기 간 연결: 이번 회기와 지난 회기들간에 연결해서 살펴봄 • 실생활 연결: 그림과 실제 생활을 연결해서 의미를 살핌

• 전체로서 바라보기

- 관찰하기, 발견하기, 연결하기를 통해 자기 자신에 대해 좀 더 통합적으로 알고 깨달아 가게 됨

- 통합할 수 있는 능력여하에 따라 대상을 부분대상으로 지각하느냐, 전체 대상으로 만날 수 있느냐로 나뉨

  : 부분대상: 존재하는 대상의 일부분만 받아들이고 인정할 때 생김

  : 전체대상: 통합된 상대로 인식하는 것. '이런 면도 있고 저런 면'도 있는 대상으로 인식하는 것

- 자기 자신이나 상대방에 대해 전체대상으로 볼 수 있다면, 건강하고 성숙한 상태임

- 전체대상으로 보게 된다면 자기 기대에 어긋나는 모습을 보았을 때

실망스럽지만, 상대방에 대해 '그럼에도 불구하고 괜찮은 무엇'도 볼 수 있음

- 미술치료에서 미술작업과 감상 과정을 통해 전체 대상을 만들어 가는 연습을 함
- 미술작업을 할 때는 승화 과정을 통해 통합되고 의미 있는 전체대상으로 자리잡게 됨
- 마음에 들지 않는 부분대상을 수용하고 전체대상으로 만들어 가는 과정임

III. 치료(세션)일지의 형태- 실습일지 작성 및 축어록

1) 관찰 및 세션 일지의 형태

- 미술치료 세션을 관찰하고 기록하는 방법은 크게 세 가지 정도임
  - 세션이 끝난 후 치료사가 직접 기록하는 방법
  - 세션의 내용을 녹음, 녹취하거나 비디오로 녹화하는 경우
  - 관찰자와 같은 제 3자가 세션을 관찰하여 기록하는 방법
- 관찰의 형식은 치료사가 미처 인식하지 못한 것, 주목하지 못했던 세세한 부분들 등 세션에서 일어난 일을 이해하고 객관적인 정보를 제공하는데 장점이 있음

- 다른 면으로는 관찰이 이루어지는 경우 포괄적인 내용을 전해 받기에는 어려움이 있음 ⇒ 세션에서의 중심 이슈가 다르게 보고 될 가능성이 있음
- 장치(녹취, 녹화 등)에 의존하게 되는 경우, 시간이 많이 걸리고, 비밀유지라는 측면에서 수집된 자료들의 보관이나 공유에 문제가 제기 될 수 있음
- 장치에 대한 의존은 세션에서의 집중도가 오히려 낮아지고, 세션이 끝난 뒤에 내용을 기억하지 못하는 일들이 발생한다는 보고가 많음

> 치료사의 직접적인 관찰이 포함되고 세션에 대한 집중도도 유지될 수 있도록 세션이 끝난 뒤 기억이 생생할 때 일지를 작성하도록 훈련하는 것이 좋음

- 미술치료 세션에 대한 기록은 용도에 따라 그 내용에 차이가 있음
  - 기관에서 보관하는 공식적인 기록은 준비된 양식에 준하여 작성
- 미술치료 세션에 대한 기록은 내담자가 원할 경우 제공될 수 있는 기록으로 취급되기도 함
  - 적절한 형태의 기술 양식을 고민해야 함
- 세션 내에 어떤 일이 일어났는가를 기록하는 수준이 적절
- 치료사의 검증되지 않은 분석이나 개인적인 의견 혹은 감정 등은 포함되지 않는 것이 적절
- 훈련과정 내에서 수퍼비젼을 위한 세션 기록을 작성해야 하는 경우
  - 세션에 대한 자세한 기록 뿐 아니라 내담자의 행동이나 작업과정, 작품 등이 나타낸다고 생각하는 이슈, 치료사의 의견, 치료적 개입에 대한 평가, 전이/ 역전이 등 개인적 감정 등이 포함될 수 있음

2) 세션 일지에 포함되어야 할 사항

- 수퍼비젼용 세션 일지

항목	세부항목
내담자 기본 정보	– 이름 및 성별, 가족관계나 생육사, 생활환경 – 내담자의 진단명이나 증상 및 특징, 주호소 – 연계되어 있는 치료나 이전 치료형태나 기간
미술치료 환경	– 세션 날짜, 장소, 시간 – 세션의 형태: 개별, 그룹 – 물리적 환경 및 정서적 환경 기술
미술치료 세션의 기록	– 세션 내 미술작업 내용과 재료/작업 의도 – 재료에 대한 내담자의 반응 – 치료사에 대한 내담자의 반응 – 작업 과정 시 내담자의 언어적, 비언어적 행동 및 기분 – 치료사의 치료적 중재 – 내담자의 작품 사진
미술치료 세션에 대한 고찰	– 내담자의 정동 및 행동의 의미 및 동기 혹은 의도 – 미술작품에 나타난 형식, 내용의 의미 및 동기 혹은 의도
치료사의 자기 점검 및 의견	– 치료사의 세션에 대한 느낌 – 치료사의 자기반성 – 세션이나 내담자에 대한 치료사의 반응 작품
추후 치료 목표와 방향	– 구체적인 치료나 목표나 작업의 방향

- 기관제출용 세션 일지

  - 기관마다 기관에서 사용하는 세션 일지 양식이 존재함

  - 미술치료 세션의 기록과 세션에 대한 고찰, 추후 세부 목표와 방향 부분이 주로 포함되어짐

  - 무엇이 일어났는지에 대한 보고가 가장 중요함

3) 세션 일지 작성시 유의할 점

① 치료 개시 동의서 및 작품 사용동의서를 받았더라도 비밀 유지의 원칙과 사적 정보를 침해하지 않는 범위 내에서 기술해야 함(내담자의 인격을 존중)

- 수퍼비젼이나 발표 등의 목적으로 외부로 가지고 가는 기록의 경우 실명을 사용하거나 내담자를 지목할 수 있는 정보가 포함되지 않도록 유의

② 세션일지는 치료 진행의 기록으로 치료사가 제공하는 서비스의 기록일 뿐만 아니라 내담자의 변화나 치료사의 적절한 개입 등을 평가할 수 있는 기록임

- 개인의 직관적이고 즉흥적인 생각을 담은 개인적인 자료로 사용하는 것이 아니기에 어느 정도 공식적인 형태를 가지고 납득할 수 있는 언어로 기술되어야 함

• 세션일지는 에세이가 아님을 이해하고 치료사의 자질을 판단할 수 있는 근거이기도 함

③ 내담자의 행동이나 정동, 작품 등에 관한 분석이나 해석을 시도할 때는 주의를 기울이도록 함

- 치료사의 판단에 의해서 도출된 내용이라면, '~로 여겨진다', '~로 추측할 수 있다', '~인 것 같다' 형태의 기술이 적절함

4) 축어록

• 축어록은 상담장면에서 대화를 말로 풀어 놓은 것을 말함
• 초보상담자들은 상담에 대한 열의에 가득차 있고 이론적인 지식도 열

심히 습득하지만 실제 상담 장면에서 어려움과 좌절을 많이 경험함

- 훈련생이나 초보 상담사는 상담장면에서 무슨 말을 해야 할지, 어떻게 반응해야 할지 곤란스러워서 침묵하거나, 그냥 넘어가는 등 치료적 개입의 어려움을 지님
- 상담의 과정을 검토하거나 수퍼바이저에게 상담의 내용을 지도 받기 위한 필수코스
- 효과적인 상담을 하기 위해서 상담기술에 대한 전반적인 부분을 평가 받을 수 있음

5장 미술치료의 평가

I. 내담자 평가

1. 내담자 반응

1) 매체에 대한 반응

- 매체에 대한 접근을 두려워하는가? 매체에 대해 저항을 하는가?
- 바로 접근을 하는가?
- 재료 선택에 곤란을 겪는가?
- 재료를 쉽게 다루는가? 파괴적인가?
- 재료를 무분별하게 선택하는가?
- 재료를 자주 바꾸는가?
- 신체적 문제점은 있는가?(예 : 정확하게 보지 못함, 떨리는 현상, 틱증상 등)

2) 미술치료사에 대한 반응

- 치료사를 무시하는가? 치료사에 대해 겁을 내는 것 같은가?
- 치료사의 관심을 끌기 위한 행동을 많이 하는가?
- 치료사와 눈 마주침을 하는가?
- 활동 중에 기술적 도움을 요청하는가? 아이디어에 자문을 구하는가?
- 치료사의 승인이나 동의를 구하기 위하여 치료사를 바라보거나 말을 하는가?
- 적대적이거나 자극을 주는 행동을 하는가?
- 환자의 공격적이거나 자극적 행동에 치료사가 개입하면 어떤 반응을 하는가?
- 치료사가 환자의 활동에 관심을 보일 때, 어떤 반응을 보이는가?

3) 집단원에 대한 반응
- 다른 집단원들을 인식하거나 수용하는가?
- 타인에게 접촉을 먼저 시도하는가?
- 타인이나 타인의 작업에 대해 비판적, 공격적, 혹은 호의적 태도를 보이는가?
- 타인의 친절한 제안에 반응을 보이는가?
- 다른 사람들의 작업에 관심을 보이는가? 자신의 문제에 대해 말할 수 있는가?
- 타인들과 눈 마주침을 하는가?
- 집단을 주도하는가?
- 특정한 사람만 교류하는가?

2. 내담자의 언어적 표현

① 과도한 언어를 사용하는 경우
  - 정말로 하고 싶은 말을 찾도록 도와야 함
  예 공격적인 말과 파괴적인 분노 아래 어떤 말이 있는지 찾아 줘야 함
     웃으면서 농담처럼 이야기 속에 마음까지 웃고 있는지 함께 봐야 함
② 언어화 하지 못하는 경우
  - 표현을 통해 가벼워질 수 있음
  - 말한 내용이 무엇이든 내담자의 있는 그대로의 표현은 내담자에게
    놀라운 경험을 하게 함
③ 일방적으로 말하는 경우
  - ①, ②번의 경우보다 하고 싶은 말이나 마음속 욕구도 인식하는 편
  - 자기 주관이 강하고, 고집이 세며 자기가 옳다고 지나치게 확신함
  - 타인에 대한 믿음이 별로 없어 깊은 곳의 진정성 어린 대화가 되지
    않음

3. 내담자의 작품 표현

① 행동화 하는 경우
  - 직접적인 행동으로 마음이 분출되는 것을 뜻함
  - 재료를 함부로 대하기도 하고, 자기 작품을 함부로 대하기도 함
     → 표현의 실패로 간주됨
  - 행동화는 저항일 수 있음 → 내담자의 행동이 행동화인가 아닌가를

알아보려면 특정한 행동이 가지는 맥락, 결과를 고려해야 함
- 내담자의 행동화 표현은 내담자의 어려움과 심리적인 구조를 이해하는데 좋은 재료가 되므로 잘 다루어 줄 수 있어야 함
- 내담자를 평가할 때 미술작업에서 보이는 '강력한 표현´ 과 '행동화' 사이에는 아주 섬세한 구분이 있음
  ‥ 강력한 표현 : 작업 내용이 어딘가로 수렴할 수 있을 때, 강약이 조절되는 느낌이 있을 때
  ‥ 행동화 : 강약 조절이 되지 않고 행동의 파장이 커지기만 할 때
- 내담자 평가에서 내용을 담는 그릇을 파괴해 가면서 자기 충동과 욕구를 '드러내는 것은 건강하지 못한 표현임(내용을 담는 그릇은 미술작품을 뜻함)
- 내담자의 조절력이 약하거나 상실된 것 같다면, 행동화로 치료적으로 도움이 되지 못함
- 내담자를 평가하여 내담자를 버텨주고 내담자의 행동화를 변형시켜 나갈 힘을 제공해 주는 것이 치료사에게는 필수적임

② 내용이 빈약한 경우

> - 무엇을 그려야 할지 아무런 생각이 없음
> - 간신히 단순한 대상 한두 개만 그렸음
> - 그림을 조금 그리다가 이내 글씨를 쓰기 시작함
> - 그림에 대해 물어보면 '그냥 그렸어요'. 정도로 대답 내용이 단순하고 짧음

- 표현할 내용이 없거나, 에너지가 없는 경우임
  ‥ 사고 과정에 결함이 있고 사고 내용이 지리멸렬한 경우
  ‥ 정서가 메말라서 이미지가 나오지 않는 경우
  ‥ 자신의 내면 목소리를 잘 듣지 못하는 사람일 때가 많음

II. 치료과정의 평가

1. 치료과정의 유의점

- 치료사는 서두르지 않으면서 깊은 해석을 피해야 함
  ⇒ 공간, 매체, 내담자에게 내재된 가능성에 대해 개방적이어야 함
- 치료사는 내담자의 경험을 재구성해주는 역할을 해야 함
  ⇒ 치료사의 이론적 틀은 경험의 재구성을 위한 틀임
  ⇒ 이론적 틀을 가지고 있지 못할 때 문제해결을 위한 사고가 불분명
    해지고, 내담자는 자신에 대해 이해를 하지 못하게 됨
- 치료과정에서 치료사는 수용, 반영, 공감, 침묵, 명료화, 질문의 태도
  를 지녀야 함
① 공감적 이해
  - 내담자의 감정에 집중

- 공감적 이해를 전달할 때 구체적이고 시각적이며 간단하고 정확하게
- 지금-여기 내담자의 감정을 전달

② 침묵
- 내담자가 생각을 정리하여 자신을 표현하는 데 필요한 기간을 허락해줘야 함
- 내담자가 더 깊은 수준의 사고와 감정으로 들어가도록 동기화할 수 있음

③ 명료화
- 내담자의 문제를 거울에 비춰 보듯이 분명하게 하는 것
- 문제를 경청하면서도 객관적인 입장을 유지하는 것이 명료화의 전제
- 내담자가 표현한 것을 치료사의 통찰력으로, 새로운 관점, 시각으로 보게 함으로써 내담자 자신의 내면을 이해하도록 도움

④ 질문
- "왜" 라는 질문은 내담자에게 부정적인 영향과 방어적인 태도를 불러일으킴
- 치료사는 질문에 대한 내담자의 얼굴표정, 신체언어, 비언어적 반응을 관찰해야 함

2. 치료사의 개입과 반응

- 치료사와 내담자의 관계에 대한 관찰은 주로 수퍼바이저 수퍼비젼을 위해 실시함

✓ 치료사는 내담자에게 거리를 두는가?

✓ 내담자를 무시하는가?

✓ 치료 진행을 위한 도입을 잘 하는가?

✓ 특정 환자만 접촉하거나 관심을 주는가?

✓ 활동 중에 너무 잦은 개입을 하는가?

✓ 필요한 상황에 적절하게 개입을 하는가?

✓ 집단일 경우에는 각 집단원에 대한 개입을 골고루 하는가?

✓ 자신의 이야기를 많이 하는가?

✓ 내담자의 기분이나 행동에 너무 잘 맞추려고 하는가?

✓ 내담자에게 방향감각을 주기 위해 환자의 이름을 부르는가?

✓ 회기 동안 말없이 있는가?

✓ 개인적 질문에 상세한 대답을 하는가? 혹은 당황하는가?

✓ 내담자가 사용하는 재료에 불만을 표시하는가?

✓ 아무런 활동이 일어나지 않았을 때, 좌절하거나 불안해 하는가?

3. 치료과정에서의 치료사 평가

① 미술작품 : 특별한 결손, 능력, 왜곡, 시각기능, 운동기능, 개선점, 퇴행 등

② 개인에 대한 관점(작품과 행동에 연관하여)

　- 자아상(성적 정체성, 자존감, 자아- 이상)

　- 타인(집단원, 권위적 존재, 가족)과의 관계에 대한 자아수용

- 현실감각(신체도식, 왜곡, 주체성 상실)
- 사고과정(기억, 판단력, 구체적/추상적 사고)
- 방어기재
- 태도(기분상태, 활동상태)
- 미술치료 적용에 대한 가능성(자기만족, 자기성장, 학습, 기능화, 극복)
- 자기 인정
- 창의적 반응, 지적 능력 사용
- 문제해결
- 자아실현
- 자기 표현력
- 활동의 집중력
- 자기애적 행동
- 과도한 의존
- 퇴행적 행동

③ 운동, 감각능력의 변화
- 손-눈-협응
- 손과 손가락 숙련
- 도구와 재료 다루기
- 대근육운동 발달 상태
- 소근육운동 발달 상태
- 공간 감각력
- 촉각적 반응

④ 인지적 상태

- 시각적 기억력

- 자기 의식화

- 전체적 파악능력

- 명백한 망상

- 시간/시제와 일치

- 공간적 관점의 수용

- 색채인식과 형태 분별

- 양의 분별

- 방향인식

⑤ 개인의 활동과 태도

- 지시에 따름

- 주의력 기간

- 과제기획

- 자율적 활동

- 집단활동 참여

- 준비와 정리

- 도구와 재료 관리

III. 내담자의 작품평가

1. 작품에 대한 치료사의 평가

- 작품에 대한 치료사의 반응
  - 과도한 칭찬을 하는가?
  - 관심을 가지고 주의 깊게 감상하며 격려를 하는가?
  - 혼란스런 혹은 공격적 내용에 대해 놀라는가?
  - 내담자의 재능과 능력에 대해서 부러워하는가?

2. 작품에 대한 서술

1) 체계적이고 형식적 관점
  - 색에 대한 서술
  - 필체의 질에 대한 서술
  - 형태에 대한 서술
  - 재료 사용
  - 발달단계의 관점에 따른 고찰
  - 갈등영역(지우기, 생략, 왜곡, 잦은 그림자 사용 등)
  - 내용과 아이디어의 원천
  - 주제가 제시되었다면, 주제와 관련된 작업을 했는가?

- 과거와 현재의 미술작업 사이에 연관성 혹은 차이점을 발견하는가?
- 반복적으로 사용하는 색과 형태에 관한 관점
- 작업구성의 조직성, 공간 사용, 운동성, 세부 묘사, 내용, 노력의 투자
  에 대한 서술

3. 작품에 대한 내담자의 반응

1) 작품에 대한 내담자의 반응
- 작품과 내용에 대해 열성적으로 서술하는가?
- 작품의 질에 대해 혼란을 일으킨 것처럼 보이는가?
- 작품에서 분명하게 보이는 혼란에 대해 의견을 피력하는가?
- 자신의 노력에 대해 만족하는가?
- 작품이 자기 내면의 상황들을 반영한다는 인식을 하는가?
- 내담자가 말하는 것과 작품이 전하는 메시지 사이에 모순이 있는가?
- 항상 결과에 대해 불만족을 갖는가? 무관심 한가? 과도한 애착을 보
  이는가?

4. 내담자 작품 평가 및 이해

1) 치료가 되는 미술작업

자신의 마음, 감정을 표현 할 것
솔직하게 표현하되 정성을 기울일 것
어렵더라도 완성할 것

① 내담자의 마음, 감정이 표현되었는가

- 마음을 표현해야 그 작품이 치료적으로 의미 있는 작품이 됨

- 치료사는 무엇을 진정으로 이해 받고 싶은지, 그 마음이 나타났는지
  살피고 기다려 주어야 함

② 솔직하게 표현되고 정성을 기울였는가

- 솔직한 표현은 마음속에 담아 두고 있었던 어두운 면들을 좀 더 부
  각시키게 함

- 내담자가 자신의 내면세계를 표현할 때, 진짜 핵심적인 주제에 접근
  할 수 록 열정적으로 표현하게 됨

③ 어렵더라도 완성했는가

- 작품 하나를 완성하는 것은, 상징적인 수준에서 삶의 한 국면을 매
  듭짓는 것을 보여줌 → 건강한 삶을 위해 매듭짓는 것을 필요함

- 내담자가 완성작품을 대하는 태도를 살핌

2) 내담자 작품의 이해

• 미술작품의 해석은 다니 가설로 제시되어야 하고, 다른 정보나 자료
  로 가설을 확인해야 함

① 작품과정 해석

- 행동보다 방어를 하는 내담자

- 미술활동 거부

- 작품을 완성한 후에 즉시 숨거거나 파괴

- 작품 완성 후 어두운 색이나 형태 변형을 통해 작품이 나타내는 것
  을 감춤

• 감정과 사고의 고립, 제한 혹은 억압

- 자발성이나 창조성이 없음

- 경직된 윤곽이나 형태를 고수하고, 색칠이나 수정을 하지 않음

- 미술매체를 마지못해 만지는 듯 함

② 작품형태 해석

- 작품의 형태와 인상에 대한 해석이라고 할 수 있음

③ 작품내용 해석

• 미술활동이 끝난 작품을 분석하는 것

- 명백한 주제나 주된 문제가 고찰되어야 함

- 주제 또는 주인공을 관찰하는 것도 중요

- 가장 관심을 가지고 정성 들여 만든 부분이 무엇인가

• 작품내용 해석은 작품의 상징을 분석하는 것

5. 치료적인 미술작품

- 촉발하는 힘이 있어야 함
- 내적으로 구조가 있어야 함
- 하나의 일관성이 있어야 함
- 작품에서 일부 요소를 더하거나 빼면 전체적으로 이상하게 됨

- 내담자의 미술작품이 치료 도구가 되기 위해서는 내적 진실과 양질의
  그림 좋은 형태를 가진 그림으로 연관을 지님

- 그림만 그린다고 치료가 되는 것은 아님
- 치료적 작품이란 그긴 사람의 진실한 감정이 실린 것
- 작품에 몰입할 수 있어야 함
- 치료사는 내담자의 작업이 완성되는 것을 도와야 함
- 작업을 아무렇게나 하도록 해서는 안되며, 좋은 내적 구조를 가지며 응집력
  있게 되도록 도와야 함

6장 미술치료 수퍼비젼 개관

I. 지도감독의 내용과 의미, 평가와 지원 기능

1. 지도감독(수퍼비젼)의 내용

- 상담자의 역할을 하는데 필요한 전문적 지식 전체가 수퍼비젼의 역할임(Holloway, 1995)
- 내담자의 문제를 다루기 위해 상담자가 무엇을 어떻게 개입하여야 하는 가를 아는 것이 상담자의 임무라면, 수퍼비젼에서도 '무엇을', '어떠한 방식으로' 개입하는 가를 살펴야 함. .수퍼비젼의 주요한 내용은 상담기술, 사례개념화, 전문적 역할, 개인 내-외부의 정서적 자각, 자기평가의 5가지 임(Holloway, 1995)

① 상담기술
  - 의사소통 유형, 공감, 개인화, 탈감화, 강화 등과 같은 특정 상담기술 및 기본적인 상담 지식들이 포함됨
  - 내담자에게 어떠한 행동을 취해야 하는지에 초점을 둠

② 사례개념화
- 내담자의 심리사회적인 내력과 제반 문제에 대한 이해가 포함
- 내담자의 상황, 상담관계, 진단과 치료계획을 수립, 절차들을 논의하며, 개념적인 구조를 발달시켜 다양한 유형의 내담자에게 적응할 수 있음
- 사례개념화는 수퍼비전 과정을 통해 필수적으로 수정이 됨
- 수퍼바이저들이 실습생으로 하여금 내담자의 행동을 이해하게 하고 그것을 이론적 기반에 연결짓도록 하려 애쓰기 때문에 '가르치는 것'이 초점이 됨
③ 전문적 역할
- 실습생이 어떻게 내담자를 위해 외부적 자료들이 적절하게 사용하고,
- 전문적이고 윤리적인 실행의 원칙들을 적용하며,
- 기록과 관리, 절차, 적절한 상호 전문적 관계의 과업들을 배우고,
- 전문가 조직, 모임 등에 참가할지에 관한 내용들을 다루는 것
- 수퍼비전 관계는 전문적 발전에 결정적인 역할을 하며, 실습생들은 자신의 대인관계 스타일을 인식할 수 있고 각자의 역할에 대한 적절한 경계와 책임감을 갖음.
- 수퍼바이저의 전문적 역할은 윤리적이고 효과적인 학습에 필수적임
④ 정서적 알아차림 : 내면 그리고 인간관계
- 내담자나 수퍼바이저와 작업하면서 생기는 느낌, 생각 그리고 행동들에 대해서 치료사가 자기 자각을 하는 것
- 내-외적인 자각 모두 상담과 수퍼비전에 연관이 있음
- 수퍼비전 관계에서 치료사가 보이는 정서적인 반응은 내담자와의

작업에서 중요한 주제가 될 수도 있음
- 수퍼바이저는 수퍼비젼에서 다루어지는 내용에 대한 치료사의 정
서적 반응, 전문적 관계에서의 정서적인 역동을 다룸
- 후반부에서 정서적 자각의 문제가 고려되는데, 이를 병렬적 과정
(parallel process)라고 함
⑤ 자기평가
- 모든 치료사들에게 필요한 내용으로서 상담 능력, 효과, 내담자 변
화의 한계를 인식하려는 의지, 기술임
- 수퍼바이저는 치료사가 상담에서 일어난 일이 내담자에게 어떤 영
향을 미쳤는지를 평가해 보도록 격려하고, 계속적인 모니터링을 하
기도함

2. 수퍼비젼의 기능 차원

• 수퍼바이저와 치료사의 상호작용은 기본적인 5가지 기능들로 이루어
짐
• 5가지 기능으로 '모니터링 평가', '지도와 조언', '모델링', '자문', '지
지와 나눔'
① 모니터링과 평가
- 모니터링은 치료사의 작업을 감독하며 과정평가 및 총괄평가를 제
공하는 것
- 수퍼비젼 상황에서 평가는 공식적이고 표준화된 절차로 이루어지

며 필수적인 기능임

- 모니터링과 평가적 기능은 수퍼바이저가 치료사의 행동이 전문적 역할과 관계있을 때에만 판단과 평가를 전달하는 것으로 국한되어 있음

② 지도와 조언

- 수퍼비젼에서 지도와 조언 기능은 수퍼바이저가 전문적 지식과 기술들에 기초하여 정보, 의견, 제안을 주는 것
- '교사-학생기능' (Poulin, 1995) 이라고 함
- 수퍼바이저가 통제하는 일방적 의사소통은 관계의 위계를 더 강조하므로 대인관계상의 거리감은 더 커짐
- 수퍼비젼 관계가 좀 더 평등하게 인식된다면 지도와 조언기능은 감소

③ 모델링

- 수퍼바이저가 역할 연기를 통해 명백하게 전문적 행동과 실습의 본보기를 보여줌으로써 수퍼바이저의 기술과 지식을 수련생에 보여주는 것임
- 수퍼바이저가 멘토로서 전문적 실습과 지도의 역할 본보기가 되는 과정
- 상담수련생이 수퍼바이저를 자신과 유사한 가치와 태도 또는 자기들이 소망하는 전문적 기술과 지식을 가진 것으로 인식하면서 양방향으로 의사소통이 발생하고, 거리감이 좁혀짐

④ 자문

- 정보와 의견을 구하면서 임상적 및 전문적 상황들의 문제해결을 촉진하는 것이 자문

- 문제 해결을 위해 수퍼바이저와 수련생은 협력해야 하므로 의사소통은 양 방향적이며 상호작용적임
- 초기 수퍼비젼 회기에서는 수퍼바이저가 내담자나 훈련생의 특이사항들과 최근 내담자의 발달 상황에 대해 훈련생에게 자문을 함
- 수퍼바이저가 상담수련생의 행동에 대해 판단을 내리기 보다는 훈련생 스스로 자신의 상담 행동을 평가하도록 격려하는 것
- 자문은 상담수련생에게 자기평가 기술을 배우도록 기회를 제공하며, 직관적인 전문성과 판단에 가치를 두는 대인관계 과정에 놓이게 함

⑤ 지지와 나눔
- 수퍼바이저가 감정이입적 주의, 격려, 건설적 직면을 통하여 상담수련생을 지지하는 것
- 상담수련생의 행동, 정서, 태도 등에 수퍼바이저의 견해를 나누며 상담수련생이 좀 더 깊은 대인관계 수준에 이르도록 하는 것
- 직접적 의사소통의 하나로, 건설적이고 적절한 직면은 수퍼바이저와의 유대감을 증진시킴

3. 수퍼비젼에서 내용차원과 기능차원의 조합

• 상담훈련생에게 어떤(What) 내용(Task)을 어떻게(How) 기능(Function)하여 가르치는가를 결정하는 것이 수퍼비젼의 과정(Process)

- 수퍼비젼의 목표에 따라 적절한 교수-학습 전략이 체택됨
- SAS 모형은 능력발휘와 관계에 대한 가정에서부터 나옴
- 능력발휘는 수퍼비젼을 교육적 과정으로 보고, 상담에서 좀 더 효율적인 서비스를 제공할 수 있도록 각 개인의 잠재력을 최대한 발휘하는 힘을 갖게 되는 것을 말함
- 수퍼비젼의 내용과 기능은 수퍼비젼에서 무엇이 어떻게 다루어지는가를 결정하는데 매우 유용한 틀을 제시해 줌
- Holloway는 수퍼비젼 상황에서 자주 일어나는 내용-기능 조합을 제시함
  ▶ '지지와 나눔 ´ 기능은 '대인관계의 정서적 자각 ´ 을 다룰 때
  ▶ '상담기술 ´ 의 내용은 '지도, 조언 ´ 의 기능으로 조합되기 쉬움
- 수퍼비젼 관계에서 중요한 요인은 수퍼비젼의 내용과 기능에 대한 기대를 설정하는 관계의 계약, 관계발달의 단계, 관계의 구조임

4. 미술치료 수퍼비젼의 특징

- 미술치료 수퍼비젼은 전문적인 관계 속에서 일어나는 하나의 예술형태
- 미술치료 수퍼비젼의 이상적인 분위기는 자유로우면서도 잘 통솔되어져야 하고 심리적이며 창조적이어야 하며, 특히 수퍼바이저와 수련생의 경험의 상호작용을 위해 노력하는 분위기여야 함
- 미술치료 수퍼비젼은 수련생의 감정적인 내적 경험과 연관되어 있으며 매우 개인적이기 때문에 명확한 경계가 필요

- 수련생과 수퍼바이저와의 상호작용에서 접근을 이해하기 위해 방어, 발달 수준, 투사적 전이에 대한 지식이 필요함과 더불어 창의적인 미술작업을 포함한 창의성에 대한 이해가 요구됨
- 수퍼비젼 회기에서 발생할 수 있는 전이와 역전이 반응에서도 미술작품을 고려해야하는 특성을 가져 다른 심리치료 분야의 수퍼비젼 보다 더욱 복잡한 관계를 가짐
- 좋은 수퍼비젼은 개방과 의사소통, 지지, 안전, 신뢰관계의 발전을 만들어 냄
- 민감성, 공감, 많은 의식의 수준들을 작용하게 하는 능력을 필요로 함
- 미술형태에 내담자의 메시지를 이해하는 것이 필요시 됨
- 미술치료 수퍼비젼은 다양한 임상분야에 도움을 받아 이루어졌었고, 점차 미술치료만의 특수성을 바탕으로 변화. 성장하고 있음
- 미술치료 수퍼비젼은 창의적인 과정을 탐색하고 다양한 임상분야의 지식뿐만 아니라 미술에 대한 기본 이해를 더한 미술치료 수퍼비젼의 특수성이 있음

II. 수퍼비젼 관계에 대해 이해

1. 상담자 발달 단계에 따른 수퍼비젼 관계

- 상담자 발달 수준에 따라 수퍼비젼 관계를 강화하는 방법에 차이가 있음

① 초급 상담자
- 초급 상담자는 수퍼비젼 관계에서 무엇을 기대해야 하는지를 모르기에 불안함
- 수퍼비젼관계는 교수-학생 관계보다는 비공식적이고 비구조화되어 있으며 보다 대인관계 측면에 초점을 두고 있음
- 높은 평가 불안이 있음 ⇒ 수퍼바이저에게 자신을 많이 드러내야 한다는 부담감으로 작용함
- 수퍼비젼에 대한 서로의 기대를 명확히 하는 것은 신뢰로운 수퍼비젼 관계를 형성하는 데 중요함
- 상담자들은 수퍼비젼에서 면접기술의 발달, 상담에 있어서의 교육적인 훈련, 자신에 대한 각성을 발달시키는 방법을 학습하기 기대함
- 수퍼바이저는 초급 상담자에게 피드백을 제공할 때는 구체적인 설명을 덧붙여야 함
② 중급 상담자
- 수퍼비젼 내용은 중급 상담자의 기대를 고려하여 계획됨

- 수련생의 자율성과 자신감을 발달시킬 수 있도록 도와줌
- 중급 상담자는 내담자를 파악하는 개념화를 발달시키고 싶어 하고, 상담기술의 발달보다는 개인적인 발달을 추구하고, 다양한 상담기법을 배우고 싶어함
- 중급 상담자는 자기 각성이나 방어, 전이, 역전이와 수퍼비젼의 관계를 다룰 만한 준비가 되어 있고, 개방적 태도를 취함
- 수퍼비젼의 관계가 바람직하지 않을 때는 지금-여기의 태도로 직면하고 풀어가야 함
- 중급 상담자와 수퍼바이저 사이 갈들이 일어나는 경우
  ·· 중급 상담자의 자율성을 지지 않을 때 저항하거나 증오심을 나타냄
  ·· 내담자의 안녕을 걱정하는 것에 대해 지나친 감시라고 느낌
  ·· 수동-공격적인 행동을 보임
  √ 성공적인 사례만 발표
  √ 상담 개입에 대해서 도전할 것이라 예상되는 사례를 피함
  √ 수퍼바이져 의견에 동의하는 척하며 실천으로 옮기지 않음
- 수퍼바이저는 자기 개방적 태도로, 수련생의 장점을 인정하고 단점을 상담자 발달단계와 관련지어 설명하면서 수련생의 방어를 줄이도록 해야 함
- 중급 상담자는 수퍼비젼 관계와 상담 관계가 평행하다는 것을 알게 되면서 자신과 남에 대한 알아차림을 확장시킬 수 있음.
- 상담에서의 대인관계 측면을 과정화하는 것을 모델링할 수 있음
③ 고급 상담자

- 고급 상담자는 수퍼비젼에서 보다 복잡한 개인의 발달, 전이, 역전이, 수퍼비젼과 상담의 평행 과정, 내담자의 상담자 대한 저항과 자기방어에 대해서 검토하는 것을 기대함.
- 내담자와 상담자에 영향을 줄 수 있는 개인적인 문제들을 탐구하려고 하지 않기 때문에 수퍼바이저가 자극하는 것이 바람직함
- 수퍼바이저는 고급상담자의 전문가로서의 직업적 발달과 정체감 형성에 주의를 기울여야 함
- 이 시기에 수퍼비젼 동맹이 잘 일어나지 않는다면 수퍼바이저가 수련생의 발달단계를 잘못 진단했거나, 발달단계를 고려하지 않고 수퍼비젼 개입을 수행했기 때문임

2. 수퍼비젼 관계 속에서의 개인차

① 자기표현
- 수퍼비젼 관계에서의 자기표현은 상담자의 불안과 수퍼바이저에 대한 애착 유형임
- 적절한 애착 형성은 작업 동맹의 역할을 하게 되지만, 문제가 되는 수련생의 애착 행동도 있음
✓ 불안애착 : 수련생이 수퍼바이저에게 심하게 애착되어 불안한 상황에서 항상 수퍼바이저를 차는 것
✓ 강박적 자기 의존 : 수련생이 자기 자신에게 강박적으로 의존하고 수퍼바이저에게 애착을 형성하지 못하는 것

✓ 강박적 보살핌을 제공하는 애착유형 : 자신이 다른 사람에게 보살핌을 제공하면서 애착을 형성하는 유형

② 인지 및 학습 스타일

- 개인이 정보를 과정화하는 방법이나 배움에 있어서의 선호도를 말함
- 수퍼바이저와 수련생의 인지 스타일이 일치하지 않을 때 부정적 수퍼비젼관계가 보고됨 (예 : 수퍼바이저 사고- 판단 유형, 수련생 감정-인식 유형)
- 인지 스타일은 MBTI에 의해 측정
- 인지 스타일에 따라 수퍼비젼에 대한 요구도 다름
  ✓ 직관형 수련생 : 직면해주고, 상담 회기에 대해 토론하기를 요구
  ✓ 내향적 수련생 : 내적 역동에 수퍼비젼의 초점이 맞추어지기를 기대
- 학습 스타일
  ✓ 수렴적 사고형 : 추상적인 인지 활동에서 편안해 하고, 혼자 일하기를 좋아함. 그러나 정서적, 행동적인 학습 분위기에서 어려움을 겪음
  ✓ 확산적 사고형 : 창의적이고 개인적인 피드백을 받고 감정을 나누는 것을 선호함. 비구조화된 수퍼비젼을 선호하고, 수퍼바이저가 상담 회기에 대해 구체적인 제안이나 목표 설정을 하는 것을 선호하지 않음
  ✓ 조절형 : 행동 지향적임. 활동 참여나 과업을 완수하는 것에 활기를 느낌. 즉각적인 피드백, 문제해결에 대한 토론, 집단 수퍼비젼을 선호함

✓ 동화형 : 추상적이고, 이론적 토론이나 분석적인 접근을 선호. 한 가지 주제에 대해 심오한 깊이에 도달하려 함. 수퍼바이저의 피드백을 분석하여 자신의 스키마에 동화시킴

③ 상담이론

- 수퍼바이저와 수련생이 같은 상담이론을 선호하면 수퍼비젼 관계에서 갈등이 적음.
- 상담이론은 인간관과 상담 과정, 상담 개입 기술, 상담 효과를 평가하는 기준 등을 담고 있음
- 수퍼바이저의 상담이론은 수련생의 이론적 접근보다 수퍼비젼에 더 많은 영향을 미침
- 수련생은 수퍼바이저가 자신과 다른 상담이론으로 접근할 때 특별히 주의를 기울여야 함

④ 남녀 성차

- 여성 수련생과 남성 수련생은 수퍼비젼 관계를 다르게 지각하는 경향이 있음
- 여성 수련생이 남성 수련생에 비해 수퍼바이저의 영향을 많이 받는 것으로 보고 됨(초급 상담자에 해당될 수 있음)
- 여성 수퍼바이저는 수퍼비젼에서 보다 상담자와 같은 행동을 나타내고, 관계를 보다 양육적으로 조성, 수련생의 문제에 보다 공감적임
- 남성 수퍼바이저는 수련생보다는 내담자의 문제에 주의를 기울임
- 수퍼바이저와 수련생은 자신의 성에 따른 태도가 상담 회기에서 뿐만 아니라 수퍼비젼에서 어떻게 나타나는지에 대해 인식하려고 노력해야 함

3. 바람직하지 않은 수련생

① 상담자가 되기에 적합하지 않은 수련생
  - 일시적이고 전환적인 어려움을 가진 수련생을 말하는 것이 아니라, 대인관계 기술이나 의사소통 기술, 다른 사람들에게 주의를 기울이거나 들어주는 능력 등이 결여되어 있는 경우임
② 구원자적인 상담자
  - 어느 정도 선에서 내담자가 갖지 못한 자원을 상담자가 제공해 주어야 하지만, 인생 전체를 구원하는 역할을 해야 하는 것은 아님
    예 내담자에게 엄마처럼 행동하는 경우, 내담자에게 종교적 구원을 전하려는 경우 등
③ 미해결 과제를 가진 상담자
  - 미해결 과제가 개인적인 것으로 남아 있을 뿐 상담에 영향을 미치지 않아야 함
④ 내담자와 같은 문제를 극복한 상담자
  - 내담자들의 극복 모델이 되기도 하고, 내담자의 저항에 대한 알아차림이 높아 직면적 개입을 잘 수행할 수 있으나, 내담자에게 빠른 극복을 기대할 수 있고, 자신의 극복을 강요하는 경향을 보일 수 있어 갈등을 유발하기도 함
    예 약물중독 경험이나 성피해 경험 등

III. 수퍼비젼 형식안내(계약서, 진행양식)

1. 수퍼비젼 실제

1) 수퍼비젼 첫 회기

① 동맹관계 형성
  - 긍정적인 동맹 관계를 맺음 - 서로의 정보를 나누는 것이 중요
  - 수퍼바이저 : 수련생의 상담과 진단 경험, 임상 경험에 대한 정보를
    수집
  - 수련생 : 여러 가지 영역에서 자신의 장점과 단점, 내담자와 실습을
    했던 기관, 예전의 수퍼바이저에 대한 설명 등

② 평가에 대한 구조화
  - 수련생과 수퍼바이저가 서로에게 피드백을 주고 받는 과정 및 절차
    를 계획
  - 평가의 기준을 수련생과 공유하는 것이 바람직함
  - 평가서는 2~3개월에 1회씩, 종합 평가서는 수퍼비젼 종결 시 공유
    가 적절
  - 수련생도 수퍼비젼의 유용성에 대한 계속적인 평가와 피드백을 제
    공하여야 함

③ 수련생의 상담 사례
  - 내담자 사례에 대한 검토
  - 다음 수퍼비젼 회기에 대한 계획

- 수퍼비젼 기록

2) 수퍼비젼 관련 기록

① 상담 사례 기록

- 상담 효과가 있었다고 인지한 것이거나 어려움을 겪는 다고 인식하면서 선택함
- 개인상담, 집단 상담, 부부 상담 등을 포함
- 상담 사례 정리 항목(미술치료 사례개념화 보고서 항목과 동일)

② 수퍼비젼 기록

- 내담자에 대한 상담 기록은 수퍼비젼 시간과 더불어 자격증을 취득하는데 꼭 제출되어짐
- 수련생은 수퍼비젼 회기를 기록하는 것이 좋음
- 기록 사항

- 수퍼비젼 일시 및 장소
- 상담이론(수퍼바이저, 수련생)
- 상담사례 요약- 내담자 인적 사항, 주호소 문제, 상담 목표 및 전략. 상담 성과 및 과제
- 수퍼비젼 개입 요

---

3) 수퍼비젼 평가

- 수련생에 대한 측정과 평가는 수퍼비젼의 기본 역할이고 수퍼비젼에서 계속되는 활동임
- 수련생 평가는 발달단계에서 시작
- 상담 회기, 녹화, 녹음 자료에 피드백을 제공

2. 수퍼비젼 진행 내용

① 수퍼비젼 도구 – 상담회기 축어록과 회기 요약

② 수퍼비젼의 초점 – 내담자 중심, 상담자 중심

③ 사례개념화 – 수퍼비젼 내용 중 가장 많은 부분을 차지

④ 상담 과정 기술 – '공감', '질문' , '대안적인 반응´

⑤ 상담자의 자기 이해 – 자기 이해의 증진

7장 아동사례발표 및 수퍼비젼
(학교부적응 아동사례)

I. 아동의 특성 및 중재

1. 학교부적응 아동의 사례- 아동의 특성

1) 학교부적응의 개념
- 학교부적응은 교사 및 학교 친구와의 관계가 원만하지 못하거나 학교 규칙에 맞지 않는 행동을 하는 것
- 학습에 대한 동기부여가 적어 수업이나 학습활동에 수동적이며 모든 일에 의욕 없이 무기력한 모습을 보이는 행동
  ⇒ 전반적인 학교생활에 조화를 이루지 못하는 상태

2) 학교부적응 아동의 행동 특성
- 정상적인 지적 능력이 있음에도 지나치게 자신감이 없고 위축되어 학습에 부진을 보이는 경우가 많음
- 교사 및 학교 친구와의 관계 형성을 힘들어하고 단체 생활에 잘 적응

하지 못함
- 공격적인 행동으로 주위의 관심을 끌려고 하거나 규칙을 쉽게 어기고 남을 괴롭힘
- 낮은 자존감, 열등감, 우울, 무기력을 자주 보임
- 주위가 산만하고 충동성이 나타나며 욕구가 좌절될 때 분노가 조절이 안되어 폭력적인 행동을 하면서 학교폭력의 증후를 보임
- 신체적 징후로도 나타나기도 하는데, 불안한 정서로 인해 말을 더듬고 손톱을 물어 뜯거나 두통 또는 복통을 호소하기도 함

3) 학교부적응의 원인
- Barbe(1983) - 학교부적응의 요인을 뇌손상이나 신체적 이상에서 오는 생물학적 원인과 아동의 능력과 주변 환경의 요구가 부합하지 않는데서 오는 심리적 원인, 사회문화적 영향과 부적절한 양육방법으로 인한 사회적 원인으로 분류함
- Hills(1982) - 개인적 요인과 더불어 환경적 요인을 고려하여, 개인적, 가정적, 환경적 요인으로 구분
  - 최근에는 학교부적응 원인을 통합적 관점으로 보기도 하는데, 개인적 요인, 가정적 요인, 학교 요인과 함께 지역 사회 및 각종 영상 매체의 영향인 사회적 요인으로 분류하기도 함
- 학교부적응을 개인적 요인으로 보는 경우
  - 신체적 결함, 뇌손상, 지능지수 저하 등의 신체적 문제와 무기력, 우울 낮은 포부수준, 낮은 자아존중감, 미래 진로에 대한 낮은 기대 등
  - 다양한 심리적, 정서적 변인들이 영향력을 주는 것

- 가정요인으로 보는 경우
  - 가족구조의 변화와 가족 해체 현상은 자녀에게 안정적이지 못한 가정환경을 제공하여 학교부적응에 큰 영향을 줄 수 있음
  - 부모의 양육태도는 아동의 사회성 발달에 중요한 역할을 하는데 부모의 적절한 양육은 신체적. 심리적으로 건강하게 자라게 하고, 부적절한 양육은 아동의 능력을 개발시킬 수 있는 능력을 상실하게 함
- 학교요인
  - 교사와 교우와의 관계, 부적절한 교육제도나 교육내용이 원인
  - 교사나 교우관계를 형성하는 능력이 부족하여, 불안, 의기소침, 소외감, 자신감 결여 등이 나타남
  - 획일적인 교육과정을 가용하고 개성과 적성을 무시한 억압적인 학교환경
- 사회요인
  - 컴퓨터, 스마트폰, 테블릿 등 다양한 전자기기의 발달로 게임과 인터넷에 집착하는 현상이 증가하면서 나타나는 여러 가지 부작용
  - 아동들이 사회성을 기르고 사회적 기술을 배우는데 어려움을 겪게 됨
  - TV 시청 시간이 길어질수록 사회 환경 및 또래 관계에 대한 사회효능감이 낮아 심리사회적 문제를 야기할 수 있음

2. 학교부적응 아동의 치료적 중재 방안

1) 행동주의 미술치료
- 미술치료에서 행동주의적 접근은 행동수정 기법을 미술치료에 실제로 적용시키는 것을 의미
- 문제행동 개선이나 학교 부적응 행동 개선 등의 아동의 발달적. 정서적 장애와 관련한 미술치료 연구에서 행동주의는 자주 사용되어 왔음
- 정신역동적 관점을 가진 미술치료사들도 행동주의 기법을 사용함
  → 칭찬이라는 강화로 행동적 접근법을 사용
- 미술치료과정 중에 매체의 활용이나 자기표현을 잘 할 수 있도록 돕기 위해 모델링이나 행동형성법 등은 자주 사용하는 행동적 접근법임
- 색채시각화, 색채 호흡법 등을 응용한 이완훈련과 체계적 둔감법 등 행동적 접근법이 사용되고 있음

2) 행동주의적 미술치료 기법
- 행동계약서
  - 내담자의 행동 변화가 계속적으로 이루어질 수 있도록 계약을 통해 자신의 문제 행동을 구체화시키고 스스로 통제하고 행동할 수 있도록 도움
- 행동형성법, 모델링, 보조법과 용암법
  - 내담자가 수행하지 못하는 새로운 행동이나 과제를 행동형성과 모델링, 촉구를 사용하여 학습시킬 수 있으며 통제력과 과제의 완성도를 높여 자존감을 향상시킬 수 있음

- 체계적 둔감법
  - 잠시도 가만히 있지 못하는 아동에게 근육이완 절차를 활용하여 충
    동성과 산만성을 체계적으로 둔감시키는 과정을 제공하여 충동성
    을 완화시킬 수 있음

II. 아동에 대한 미술치료적 접근

1. 학교부적응 아동과 미술치료

- 학교생활에 부적응하는 아동은 대체로 자신의 감정이나 생각에 대한
  표현 능력이 부족
- 자신의 능력에 대해 불안하고 자신감이 결여되어 매사 소극적, 무기
  력한 모습을 보여, 심리적으로 스스로를 괴롭히게 되어 침묵, 무력감,
  등교거부 등의 행동특성을 보임
- 심각한 문제행동이 나타나지 않도록 예방적 차원의 관심과 정서적 지
  원이 필요함
- 미술치료는 치료적 환경 안에서 미술매체를 통해 자기표현, 자기개
  방, 감정 정화 등을 도울 수 있음
- 미술치료의 효과성은 미술매체를 통해 의식하지 못했던 자신에 대한

의사소통의 매개가 됨

2. 학교부적응 아동 미술치료의 특징 및 장점

• 첫 번째 특징 및 장점
  - 자발적으로 만들어 내는 미술작품은 내적 갈등이 시각적 형태로 표현되기 때문에 아동을 이해하는 데 유의미함
    ✓ 미술치료에서 미술활동을 통한 비언어적인 심상의 표현은 방어를 줄임
    ✓ 아동은 그림을 통해 자신을 둘러싼 세계에 대해 표현하고, 미술작품은 감정, 생각, 환상, 갈등, 불안 등을 이해하는 도구가 됨
    ✓ 창의적인 작업을 통해 역동적이고 통합적인 활동이 되며, 아동이 만들어 내는 구체적인 유형의 결과물을 통해 얻게 되는 정보는 학교 부적응 아동을 이해하는데 매우 유의미함
• 두 번째 특징 및 장점
  - 언어화에 서툰 학교부적응 아동에게 매체 및 미술작품, 치료사와 상호작용하며 치료 과정에서 감정에 대한 의사소통의 수단이 됨
    ✓ 이야기할 공간을 마련해 주고 은유를 담고 있으며 아동의 시각을 볼 수 있게 해 줌
    ✓ 학교 부적응 아동의 내면을 미술치료의 과정을 통해 언어와 비언어적 의사소통 방식으로 표현하고, 상호작용하게 함
    ✓ 강한 감정의 피난처가 되어주는 '안전한 장소'로서 대인관계의

중요한 치료적 요소가 됨

✓ 미술작업을 통해 개인적 욕구를 이해하게 되며, 효과적이고 적절한 사회적 기술을 습득하도록 도움

✓ '긍정적 대인관계 측면에서 중요한 치료적 요소가 됨

• 세 번째 특징 및 장점

  - 자신감을 얻고 감정의 정화를 경험하며 자기통합을 경험하게 됨

  ✓ 구체적인 감정을 재경험하며 자기를 인식하고 수용하는 과정에서 자기통찰 및 자발성을 향상시키게 됨

  ✓ 감정을 분출하고 퇴행적이고 공격적인 자아를 수용하는 것을 경험하기도 함

  ✓ 아동의 작업과정과 결과물에 대해 수용적, 반영적 반응을 해줌으로써 아동 자신의 존재 전체가 존중받고 인정받는 경험을 하게 됨

  ✓ 자기 성장과 자기수용력을 향상시키게 됨

결론

• 아동의 억압된 감정이 미술치료 과정에서 표출되어 자기표현과 감정 정화에 도움을 줄 수 있음

• 상징적 언어로서 시각적으로 표현된 미술작품과의 상호작용을 통해 자신을 통합할 수 있는 기회를 얻음

• 좋은 대상으로서 치료사와 치료적 동맹 관계를 형성하여 대인관계 증진이라는 긍정적 영향을 얻어 학교에 적응할 수 있음

3. 학교부적응 아동 행동주의 미술치료프로그램

- 초기에는 치료자와 신뢰감과 친밀감 형성으로 위한 프로그램을 통해 긴장을 이완시켜 심리적 긴장감을 이완하고 즐겁고 자유롭게 작업하도록 함.
  - 아동이 미술치료에 대한 부담감 및 긴장감을 해소하여 놀이와 더불어 창조적인 치유력이 열리도록 구성함.
- 중기 초반에는 내담자가 가지고 있는 문제점을 토대로 감정표출, 자기감정인식, 정서적 안정감을 갖도록 구성하여 내담자 자신의 내면화된 감정을 인식하고 부정적인 감정을 표출하며 내면세계에 억압된 부분을 표출하여 정서적인 안정을 갖도록 하였다. 중기 중. 후반에는 타인이해 및 대인관계 향상, 가족 이해, 집중력 향상을 목적으로 프로그램을 구성하여 또래관계에서의 문제점을 인식하고 대처할 수 있는 기술을 배우게 하고 가족에 대한 감정을 인식하고 이해를 통해 부적응 행동을 감소시키고자 함.
  - 집중력 향상 프로그램을 통해 부주의를 감소시키며 충동적이고 공격적인 행동을 조절하여 감정조절 능력을 키우고자 하였다. 또한 행동수정 목록을 작성하여 행동수정에 따른 변화를 어머니, 아동, 선생님이 체크하도록 하였다.
  - 종결은 자존감 향상 프로그램으로 구성하여 내담자에게 미래와 희망을 생각하게 하고 자기 자신에 대한 긍정적인 상을 갖는 것을 목적으로 하며 표현을 통해 자신을 이해하고 수용하게 되어 자존감 향상을 도모하였다.

① 프로그램 구성

단계	회기	주제	활동내용	기대효과	미술매체
초기	1	자유화	– 아동이 자유롭게 자신이 그리고 싶은 그림을 그림	친밀감 형성	도화지, 색연필, 크레파스
	2	색모래	– 색모래로 원하는 모양의 그림을 그리고 원하는 대로 꾸며줌	친밀감 형성 및 흥미유발	색모래, 풀, 도화지, 색종이
	3	자유놀이	– 아동이 원하는 놀이를 통해 정서적 이완을 함	친밀감 형성 및 흥미유발	자유선택함
	4	워터비즈, 풍경구성법	– 아동이 원하는 재료를 가지고 모양 꾸며보기 – 10가지 풍경 요소를 그리고 이야기 나누기	부주의 감소 및 집중력 키우기. 풍경구성법을 통해 정서 살피기	도화지, 크레파스, 워터비즈 재료
	5	핑거페인팅	– 자유롭게 손가락에 물감을 묻혀 찍고 그리기	정서적 이완 및 안정감 갖기	도화지, 풀, 물감
	6	신문지 퍼포먼스	– 신문지를 원하는 만큼 찢고 논 뒤 자신이 원하는 모양을 만들어 봄	감정표출 및 욕구 표현	신문지, 테잎
	7	손바닥 찍기	– 손바닥에 물감을 묻힌 뒤 전지에 마구 찍어 보기	충동성, 공격성의 감정표출	도화지, 물감
	8	스팡클로 꾸미기, 인형놀이	– 인형놀이를 통해 교우와의 관계를 파악	부정적 감정표출	스팡클, 스티커 인형세트
중기	9	물감불기	– 빨대로 자유롭게 선택한 색깔의 물감을 불어 표현하기	감정표출	도화지, 물감, 만다라 도안
	10	데칼코마니	– 데칼코마니로 자신이 표현하고 싶은 것을 자유롭게 표현하기	감정표출 및 정서적 이완	도화지, 물감

중기	11	지점토 놀이	– 내가 만들고 싶은 것을 자유롭게 만들어 보고 이야기 나누기	감정, 욕구 표현 및 언어적 표현력 향상	지점토
	12	-자기이름 그리기 및 행동수정 목록 작성 및 바라는 것 찾기 -어디가 아픈가요	– 자기이름을 멋지게 꾸며보고, 행동 수정 목록을 작성하고 바라는 것 찾기 – 신체상에서 자신이 아프다고 느끼는 부분을 표현해 보기	– 자기표현과 강화요인 파악 – 내재된 아픔파악하기	행동수정 목록지, 신체상, 색연필
	13	신문지 찢어 도장찌기	– 신문지를 찢어 구긴 다음 물감을 묻혀 마구 찍은 뒤 자신이 원하는 대로 꾸며 주기	공격성 표출 및 문제해결력 향상	신문지, 물감, 골판지, 풀, 가위
	14	자기모습 꼴라쥬	– 자기 모습이라고 생각되는 그림을 자유롭게 잡지책에서 오려 붙임	집중력 향상 및 자기 인식, 표현 하기	4절도화지, 가위, 풀, 잡지책
	15	거품 그림 및 가족 그리기	– 거품그리기를 통한 정서적 안정과 가족을 다양하게 표현해 보면서 가족에 대해 살펴보기	정서적 안정감 갖기, 가족에 대한 이해 향상	도화지, 크레파스, 물감, 퐁퐁
	16	감정을 감싸주는 상자	– 상처나 슬펐던일 , 짜증나는 일 등 마음 속의 감정을 표현해 보기	무의식의 표출 및 자기인식과 수용	상자, 고무찰흙, 리본, 아이클레이
	17	선물만들기	-가족이나 친구들, 나에게 주고 싶은 선물 만들기	자기감정의 인식 및 문제해결력 향상	아이클레이
	18	바꿔주세요- 행동 계약하기	– 행동목록에 관한 내용을 확인하고 바람직한 행동과 사고를 강화하고 수정되어야 할 문제행동을 추가 및 소거 시키기	문제행동 파악 및 소거	행동수정 목록지

	19	가면 만들기	- 행복한 가면과 화내는 가면을 만들고 이야기를 표현해 봄	공격성의 표출 및 자기인식	도화지, 스팡클, 크레파스, 물감
	20	치료사와 동화책 만들기	- 치료사와 돌아가면서 그림을 그리고 이야기를 만들어 동화책을 만들어 봄	언어적 표현력 향상과 의사소통 능력 향상	도화지, 리본, 색연필
	21	석고로 손 본뜨기	- 석고 붕대로 자신의 손을 떠서 예쁘게 꾸며보기	자아인식 및 자아성장	석고붕대
	22	그림 주고받고 그리기	- 치료사와 작은 모티브를 주고 받아 가면서 그리기고 이야기 만들기	감정표현 및 언어적 능력 향상	도화지, 색연필
중기 중 · 후	23	바꿔봐요-생각상자 만들기	- 수정되어야 할 생각과 행동을 알아보고 바람직한 생각과 행동으로 바꾼다.	바라는 자신의 모습에 대한 마음가짐과 행동을 구체화	상자, 잡지책, 도화지, 색종이, 가위
	24	내게 중요한 사람	- 내가 중요하다고 생각하는 사람 그려보기	긍정적 타인인식	도화지, 크레파스
	25	파티상 차리기	- 찰흙으로 여러 가지를 만들어 파티상를 차려보고 초대하고 싶은 사람을 말해 봄	대인관계 향상	찰흙
	26	동물가족화 그리기	- 우리 가족을 동물로 만들거나 그려보기	가족에 대한 감정인식	도화지, 동물그림, 연필
	27	가족이야기 만들기	- 가족들을 주인공으로 재미있는 이야기 만들기	언어적 표현력 및 의사소통 향상.	도화지, 색연필
	28	만다라 그림	- 만다라 모양에 채색하기	집중력 향상	만다라 도안, 색연필

	29	워터비즈 공예	- 워터비즈 공예 재료로 자신이 원하는 모양 만들어 장식품 만들기	부주의 감소 및 집중력 향상	워터비즈 재료
	30	나의 장점, 단점	- 양손을 종이위에 대고 그린 뒤 자신의 장, 단점을 적어 보고 이야기 나누기	자기인식 및 긍정적 자원 찾기	도화지, 연필, 스팡클
	31	내가 듣고 싶은 말, 듣기 싫은 말	- 내가 듣고 싶은 말과 듣기 싫은 말을 표현하고 듣고 싶은 말을 들을 수 있도록 스스로 노력하기	행동수정	행동수정 목록지
종 결	32	인형만들기	- 내가 원하는 내 모습이나 만들고 싶은 모습의 인형을 만들기	긍정적 자기 인식 및 타인에 대한 존중감 갖기	모루, 아이클레이
	33	희망나무	- 나무를 그리고 한지와 여러 재료로 꾸며주고, 소원을 적은 종이를 나무에 붙여준다.	자존감 향상 및 긍정적 자기인식	한지, 도화지, 가위, 풀, 스팡클, 색종이
	34	나의 미래 모습	- 나의 미래 모습을 콜라주로 표현함	긍정적 자아 탐색 및 변화된 자기인식	잡지책, 가위, 풀, 도화지
	35	나에게 주는 상장	- 자신의 활동을 생각해 보고 자신에게 가장 알맞은 상장을 스스로 만들어 보기	자존감 향상, 긍정적 자기인식	상장

② 행동수정 관찰지

	문제행동	사전
내면화	손톱을 입으로 물어뜯는다.	○
	공부시간에 집중하지 못하고 몸을 많이 흔들고 딴 놀이를 한다.	○
	말을 거의하지 않고 목소리도 들리지 않게 의사표현을 한다.	○
	한숨을 자주 쉰다.	○
외현화	수업 중에도 마음대로 자리를 이탈한다.	○
	산만하고 충동적인 행동이 보인다.	○
	친구의 물건을 말도 없이 가져온다.	○
	친구에게 욕을 하거나 침을 뱉는다.	○

III. 사례 발표 및 수퍼비젼

1. 학교부적응 아동의 사례개념화

1) 내담자 인적사항 및 특징
• 내담자는 초등학교 1학년 여아

2) 의뢰사유 및 상담배경
• 상담실에 오게 된 계기는 유치원을 졸업할 때 까지는 행동상의 문제
가 전혀 없었음
• 초등학교 입학하고서부터 학교부적응 문제를 조금씩 보이다가 현재
는 학교생활이 불가할 정도로 문제행동이 많아 담임선생님의 권유로
오게 됨
• 내담자가 보이는 부적응 행동으로는 수업 중 자리이탈, 수업에 참여
하지 않고 혼자 돌아다니기, 복도 쪽 창틀 매달리기, 학급 친구들에게
욕하거나, 때리고 침 뱉기 등을 자주함.
• 학교 선생님과 반 친구들이 학교생활에 너무 힘들어하고, 현재는 이
런 문제점 때문에 어머니가 매일 학교에 가야 할 정도로 심각해서 심
리치료를 받고자 함.

3) 내담자의 주호소 문제
• 내담자 어머니에 의해 다음과 같은 호소들이 제기되었다.

① 수업시간 중 말없이 자리이탈(운동장으로 나가기, 복도에서 혼자 놀기, 말없이 화장실 가기 등)
② 반 친구들에게 욕을 하거나, 침 뱉기, 때리기, 말하지 않고 친구 물건 만지거나 가져오기
③ 수업시간에 전혀 집중하지 않고 자기가 하고 싶은 놀이를 하거나 옆친구 건드리기

4) 내담자 발달사
• 개인정보 보호를 위해 싣지 않습니다(강의를 참고).

5) 내담자 가족력
• 아버지, 어머니, 내담자, 여동생

6) 심리검사
① KPRC
② HTP 검사
③ KFD
④ KSD

7) 사례 개념화
• 양육환경으로 인해 내적으로 긴장 수준이 높고, 위축, 경직되어 있으며, 불안으로 인한 강박적인 행동이 보여지고 있음
• 내담자는 감정표현이 적절하지 않고 대처 방법이 미숙하여 또래와의

관계에서 적절하지 않은 방법을 사용하는 등 미숙한 사회성을 보임.

• 뒷일을 생각해보지 않고 성급하게 행동하는 충동성으로, 흥미를 느끼지 못하는 부분에서는 자리이탈, 다른 사람들을 방해하는 행동으로 표출되어지고 있음.

• 타인의 감정을 공유하거나 자신의 감정을 표현하는데 한계가 있고, 자신의 생각대로 상황을 다루지 못할 때 불안감이 높아 분노로 이어져 잘 통제되지 못하고 적대적으로 행동하는 부분이 학교에서의 여러 문제행동으로 이어지고 있음

• 내담자의 강점으로는 잠재적인 심리적 에너지가 있고 인정받고자 노력하는 면과 의욕도 있다. 좀 더 수용적이고 안정적인 환경에서 적절한 의사표현력이 제공된다면 자신의 잠재능력을 발휘하여 건강한 어린이로 성장할 수 있을 것으로 보임.

8) 치료 목표 및 전략

① 목표

- 감정조절 및 자기표현과 언어적 표현력 증가를 통한 또래관계 개선
- 미술치료를 통해 아동의 부적응 행동을 감소시키고자 함
- 문제해결력 키우기
- 자신감 향상

② 전략

- 미술작업을 통해 감정을 표현하고 이를 언어화함으로써 의사소통 능력을 향상 시킨다.
- 행동계약서를 작성하여 학교에서 보이는 부적응 문제들을 행동수

정 한다.

- 다양한 재료의 경험과 치료사의 수용적 관계를 통해 문제해결력 및 대처방식을 배운다.
- 미술작품 완성과 과제 수행의 경험을 통해 성취감을 높이고 자신감을 향상시킨다.

9) 치료진행(회기별 프로그램)
- 2교시 행동주의 미술치료 프로그램 구성에 있습니다.

10) 수퍼비젼
- 아동의 약물 사용에 대한 의견
- 유관계약- 계약서 작성(행동 계약서의 적절성)
- 치료 목표와 전략의 적절성

2. 수퍼비젼 받은 내용

- 강의 참고

8장 아동사례 발표 및 수퍼비젼2 (적대적 반항성장애 아동)

I. 아동특성 및 중재(적대적 반항장애 아동)

1. 적대적 반항장애

1) 적대적 반항장애의 개념

- 반항성장애라고도 불림
- 유병률은 2~16%, 8세 이전에 분명해지고 청소년 초기를 넘기지 않으며, 반항적 증상은 흔히 집에서 나타나지만 시간이 지남에 따라 다른 장면에서도 나타날 수 있음
- 지속적으로 부정적이며, 명령에 순종하지 않고, 부모나 선생님과 같은 권위적인 대상에게 적대적 행동을 보이는 것이 특징임
- 반대 행위가 자기 자신에게 해로운데도 불구하고 계속 반대하는 특성을 볼 수 있음
- 대부분 자기 자신은 스스로 반대를 잘하는 것으로 생각하는 경우는 드물고 주변에서 지나친 요구를 하는 것으로 생각, 문제나 갈등이 타

인에게 있는 것으로 생각함
- 아동보다 주변의 사람이 더 어려움을 겪음

2) 적대적 반항장애의 원인
- 구체적인 원인은 밝혀져 있지 않으나 부모와 자녀간의 갈등이 중요한 역할을 하는 것으로 봄

  예 기질에 맞춰지지 않는 양육
- 부적응적인 학교생활로 수동적. 공격적. 반항적 행동이 교사와 다른 아이들을 화나게 만들기도 함⇒ 학업실패 및 사회적 고립을 경험하게 됨
- 반항장애는 우울증, 강박증 또는 조증의 일부로도 생길 수 있음
- 분리불안장애 아동들도 반항적인 행동을 보일 수 있음

3) 적대적 반항장애의 치료
- 부모자녀간의 관계를 와해시키고 혼란을 가져올 수 있음.
- 부모는 무기력해지고 양육자로서 자신감을 상실하며 다른 가족 구성원에게 미치는 부정적인 영향은 증가함
- 자녀의 행동에 대한 부모의 반응이 부정적이라 하더라도 미래의 적대적 행동을 강화시키는 결과를 초래함
- 반항행동은 강도와 횟수가 증가되면 품행장애가 반사회성 성격장애를 유발시킴
- 어느 장애보다도 부모나 가족치료를 중요시함
- 아동의 자존감이 낮고, 발달이 미숙한 면이 있다는 점에서 개인심리

치료로 아동의 문제적 갈등과 부모에 대한 무의식적 공격성을 다뤄 올바른 방향으로 발달을 계속해 나갈 수 있도록 돕는 것이 필요

2. 적대적 반항장애 진단기준-DSM-5(APA, 2013)

1) 적대적 반항장애(Oppositional DefiantDisorder ODD) 의 진단 기준
A. 분노/과민한 기분, 논쟁적/반항적 행동 또는 보복적인 양상이 적어도 6개월 이상

• 지속되고, 다음 중 적어도 4가지 이상의 증상이 존재한다. 이러한 증상은 형제나 자매가 아닌 적어도 한 명 이상의 다른 사람과의 상호작용에서 나타나야 한다.

• 분노/과민한 기분

1. 자주 욱하고 화를 냄
2. 자주 과민하고 쉽게 짜증을 냄
3. 자주 화를 내고 크게 분개함

• 논쟁적/반항적 행동

4. 권위자와의 잦은 논쟁, 아동이나 청소년의 경우는 성인과 논쟁함
5. 자주 적극적으로 권위자의 요구나 규칙을 무시하거나 거절
6. 자주 고의적으로 타인을 귀찮게 함
7. 자주 자신의 실수나 잘못된 행동을 남의 탓으로 돌림

• 보복적 특성

8. 지난 6개월 안에 적어도 두 차례 이상 악의에 차 있거나 앙심을 품음

* 주의점: 진단에 부합하는 행동의 지속성 및 빈도는 정상 범위 내에 있는 행동과 구별되어야 한다. 다른 언급이 없다면, 5세 이하의 아동인 경우에는 최소한 6개월 동안 거의 매일 상기 행동이 나타나야 한다. 5세 이상의 아동인 경우에는 6개월 동안 일주일에 최소한 1회 이상 상기 행동이 나타나야 한다(진단기준 A8). 이런 빈도에 대한 기준은 증상을 기술하기 위한 최소 기준을 제공한 것일 뿐이며, 반항적 행동이 동일한 발달수준에 있고 성별이나 문화적 배경이 같은 다른 사람들에게서 전형적으로 관찰되는 것보다 더 빈번하고 강도가 높은지와 같은 다른 요인들도 고려해야 한다.

B. 행동 장애가 개인 자신에게, 또는 자신에게 직접적으로 관련 있는 사회적 맥락(예, 가족, 또래 집단, 동료)내에 있는 상대방에게 고통을 주며, 그 결과 사회적, 학업적, 직업적, 또는 다른 중요한 기능 영역에서 부정적인 영향을 준다.

C. 행동은 정신병적 장애, 물질사용장애, 우울장애 또는 양극성장애의 경과 중에만 국한에서 나타나지 않는다.

  - 현재의 심각도 명시할 것:

  ·· 경도: 증상이 1가지 상황(예, 집, 학교, 직장, 또래 집단)에서만 나타나는 경우다.

  ·· 중등도: 증상이 적어도 2가지 상황에서 나타나는 경우다.

  ·· 고도: 증상이 3가지 이상의 상황에서 나타나는 경우다.

3. 감별진단

- 반항성장애 아동의 파괴적 행동은 품행장애가 있는 개인에 비해 덜 심각하고, 전형적으로 사람이나 동물에 대한 공격, 재산파괴, 절도 또는 사기 행동을 포함하지 않는다.

- 반항성장애의 모든 특징이 품행장애에서 흔히 존재하기 때문에 만일 품행장애의 진단 기준에 맞는다면 반항성장애로 진단 내려져서는 안 된다.

- 반항적 행동은 소아와 청소년에서 나타나는 기분장애와 정신증적 장애의 부수적 특징이므로 만일 증상이 기분장애나 정신증적 장애 기간 중에만 일어난다면 별도로 진단되어서는 안 된다.

- 반항적 행동은 또한 주의력결핍 과잉행동장애에서의 부주의와 충동 때문에 초래되는 파괴적 행동과는 구별되어야 한다.

- 두 가지 장애가 함께 일어난다면 두 가지 진단을 모두 내려야 한다. 정신지체가 있는 개인에서의 반항성장애는 정신지체의 개인과 나이, 성별, 심각도가 동등한 수준에 있는 다른 개인들에게서 흔히 관찰되는 정도보다 반항적 행동이 더 심각한 경우에만 진단되어야 한다.

- 반항성장애는 언어 이해 장애로 인해 지시에 따르지 못하는 경우와 구별되어야 한다(예: 청력 손실, 혼재 수용-표현성 언어장애).

- 반항적 행동은 일부 발달 단계에서의 전형적인 특징이다(예: 초기 소아기와 청소년기). 반항성장애의 진단은 나이가 비슷하고 동등한 발달 수준에 있는 다른 사람에게서 전형적으로 관찰되는 것보다 반항적 행동이 더 빈번하고 더 심각한 결과를 초래하고, 사회적, 학업적, 또는 직업적 기능에 심각한 장애를 일으키는 경우에만 고려되어야 한다.

3. 적대적 반항장애의 중재

1) 아동중심 미술치료와 부모교육

- Carl Rogers의 이론에 근거해 Garray Landreth가 아동 중심 치료를 시도함
- 아동중심 이론은 아동의 문제에 초점을 두기 보다는 잠재력을 발휘하고 성장하도록 돕는 것을 중시함
- 치료자가 무엇을 해주기보다 아동과 함께하려는 입장임
- 치료자와 내담 아동 간의 관계 형성을 중시하며, 긍정적인 관계를 형성하기 위한 치료자의 태도가 아동들로 하여금 자신과 세계를 탐색하고, 감정을 표현하도록 용기를 불어넣는 데 효과적임
- 치료자가 성장을 촉진하는 분위기를 형성해 주기만 하면, 내담 아동 스스로 문제를 해결하고 변화하며 성장해 나갈 능력을 갖고 있다고 봄
- 아동중심 치료에서는 치료자의 따뜻하고 보살피는 관계, 무조건 수용, 안전하고 허용적인 분위기 조성 및 아동의 감정에 대한 민감성을 바탕으로 함
- 아동의 문제해결 능력을 존중하고, 아동의 자기 안내를 신뢰하고, 아동이 스스로 변화할 때까지 기다리며 서두르지 않음

〈아동 미술치료에서 부모교육〉

- 부모는 아동의 일차적인 환경으로, 자녀에게 기본적인 생존의 기초를 제공하고, 심리적으로 정서적인 안정감과 함께 즐거움과 자극을 제공해 아동의 발달과 성장을 돕는 아동기의 성격발달, 증상형성에 미치

는 영향이 큼

• 부모상담은 두 가지 의미가 혼재

- Parent Consultation : 치료과정을 통해 어떻게 효과적으로 아동을 도와줄 것인가에 관련된 치료자와 부모간의 이해증진과 협조관계에 초점이 맞춰짐

- Parent Counseling : 치료를 받는 아동의 부모로 부모역할과 부모행동에서 겪는 고통, 성격과 정서문제 등 주로 부모 자신의 문제를 상담하는 것을 의미

- 부모상담에서 부모들을 하나의 자원으로 활용하면서, 부모지지, 부모교육, 부모 역할, 아동과의 관계에서의 내적인 변화 등 부모를 위한 '작은 수준의' 치료로 보기도 함

- 아동의 변화와 성장을 위해서 부모의 변화와 성장을 동시에 고려하는 것이 필요함

II. 아동에 대한 미술치료적 접근

1. 적대적 반항성 장애 아동과 미술치료

- 미술치료는 적대적 반항성 아동으로 하여금 분노, 적대감 등의 부정적 감정을 미술이라는 긍정적인 방법으로 해소 및 정화할 수 있음
- 미술도구와 매체가 갖는 흥미도를 통해 아동과 치료자와의 긍정적인 관계 형성에 도움을 주므로 공격적인 행동을 완화시키고 대인관계에서의 어려움을 극복할 수 있음
- 억압된 것을 이미지를 통해 표출하여 이미지를 통해 표출하여 치유적 효과를 얻고, 미술 창조작업에 들어가 건설적인 에너지를 발산하여, 퇴보하는 경향을 줄여 현실파괴를 피할 수 있도록 도움(Kramer, 1993)

2. 적대적 반항성 장애 아동의 아동중심적 미술치료 기법

- 아동이 가지고 있는 성장의 힘을 믿고 안전하면서도 수용 받는 느낌의 환경을 제공하는 것이 가장 중요함
- 아동은 치료자와 미술작품으로 관계를 맺으면서, 그 관계를 통해 내담자 변화 자체가 내담자 스스로를 성장시킴
- 아동 중심 미술치료의 목표는 아동의 상태가 어떻든간에 내담자의 문

제보다 아동 자체에 관심을 가지고 아동이 자기성장을 통하여 충분히 기능하는 사람이 되도록 초점을 맞춤

- 아동 중심 미술치료는 흔히 비지시적인 기법이 사용됨
- 아동이 표현하고자 하는 주제 등을 스스로 자유롭게 선택하게 하는 것으로 아동이 자기 자신에게 능동적인 자세를 가질 수 있게 하기 위함 임
- 아동이 심하게 위축되어 있는 경우는 주제와 재료 선택 등 모든 영역을 아동이 결정할 때 아동에게 부담이 될 수 있으므로, 편안해 질때까지 치료자가 배려하는 것이 필요함

3. 적대적 반항장애 아동의 아동 중심 미술치료프로그램

- 초기에는 치료자-내담자 간의 긍정적 관계 형성과 정서적 안정감을 위해 아동중심적 미술치료 접근방법을 주로 사용.
- 아동이 미술치료를 통해 분노와 적개심을 표현하고 자신의 분노를 인식할 수 있도록, 치료자는 허용적이고 공감적인 태도를 유지함
- 아동이 공격적인 행동을 자제하도록 도움을 주기 위해 심리 치료의 구조를 제공하여 행동에 대한 한계를 설정함
- 부모교육을 병행하여 긍정적인 부모-자녀 관계의 회복과 반항적이고 공격적인 아동에게 적합한 일관성 있는 양육방식에 대한 교육을 실시함
- 중기에는 자신의 분노에 대해 더 정확하게 인식하고 효과적으로 조절

하는 능력을 향상시킴.

- 가족이나 또래를 포함해 다른 사람들과 편안하고 공감적인 관계를 맺을 수 있도록 사회적 기술을 향상시키는데 개입의 초점을 둠
- 부모교육은 효과적인 지시하기, 일방적인 통제를 줄이고 행동 계약 맺기 등에 초점을 두어 계속 병행함
- 후기 및 종결에는 아동이 정서적으로 안정되고 감정과 행동 통제력이 향상되고, 모의 양육 방식에서의 변화와 함께 모자 관계가 개선되어 반항적인 경향의 감소가 이루거지도록 함
- 여러 좌절 상황에서 자기 통제력이 향상될 수 있도록 치료 성과를 일반화시키는 데 치료의 초점을 둠

III. 사례발표 및 수퍼비젼

1. 적대적 반항장애 아동의 사례개념화

1) 내담자 인적사항 및 특징
  내담자는 초등학교 5학년 남학생이며 2남1녀 중 막내

2) 의뢰배경 및 상담 배경

3) 내담자의 주호소 문제
〈모〉
  - 할머니에 대한 반항감, 적의감
  - 주양육자인 할머니의 잘못된 양육방식
  - 학교 생활에서 선생님과 친구들에 대한 적의감, 공격성, 반항감.
  - 화가 나면 아무에게나 욕하고 책상을 들어 던지거나 달려듬
〈내담자〉
  - 주변 사람들의 무시, 욕 등에 따른 엄청난 스트레스
  - 학교에서도 집에서도 외롭고 아무하고도 말을 못해서 심심하고, 죽고 싶다고도 함.
  - 초기 면담과 행동관찰의 예시

4) 내담자의 발달사

5) 가족사항

6) 검사
  • K-CBCL
  • K-HTP
  - KFD

7) 사례개념화
  - 강의 내용 참고

8) 치료 목표 및 전략
  ① 치료목표
  〈내담아동〉
    - 내재된 불안과 분노 등 부정적 감정 표출시키기
    - 감정조절 능력 및 적절하게 표현하는 방법을 향상시키고, 자기표현
      력 향상시키기
    - 문제해결력 키우기
    - 타인에 대한 공감 능력과 사회적 기술을 향상시키기
    - 할머니와의 관계 개선하기(분노 표현 방식을 개선하고, 일관성 있고
      아동을 존중하는 양육방식을 습득하도록 하는 것)
    - 자존감 키우기
  〈세부적으로〉
    • 행동 : 반항적인 경향을 감소시켜 어른의 지시에 적절하게 따르고 공

격 행동을 감소

- 정서 : 불안, 분노, 적개심을 감소시키고 감정 조절 능력을 향상시킴
- 사회 : 공감 능력과 사회적 기술을 향상시키고, 욕구 좌절 상황에서 적절한 대처 행동을 학습해 친밀한 가족관계 및 또래 관계 형성하기
- 학업 : 주의력 향상 및 바람직한 학습습관을 형성하기
- 가족 : 가족 간의 갈등 해결 방법, 바람직한 의사소통 방법 및 분노처리 방법 등에 대해 교육하기, 일관성 있고 안정된 양육 방식을 습득하게 함으로써 안정적 관계 형성 하기

〈부모교육〉

- 가족 간 갈등 해결과 적절한 분노 표현방법에 대한 교육
- 일관성 있는 양육방식과 행동 수정방법 등을 통해 아동과 친밀하고 안정된 관계를 맺을 수 있도록 지속적인 교육

② 치료전략

- 미술을 통해 감정표현을 다양하게 경험하여 억제된 부정적 감정을 표출하고 인식하기
- 치료사와의 수용적 관계를 통해 언어로 표현하고 익히는 의사표현의 경험과 기회를 가기
- 다양한 방식의 대처 경험을 미술재료를 통해 경험하며 향상시키기
- 치료사와의 관계를 통해 문제해결력에 대처 방식을 배우기
- 할머니에게 내담자의 상태를 인식시키고 이해할 수 있도록 코칭하기

9) 치료회기

초기 :

- 분노와 적개심을 표현, 자신의 분노를 인식할 수 있도록 도움
- 치료자는 허용적이고 공감적인 태도를 유지
- 심리치료의 구조를 제공 행동에 대한 한계를 설정
- 부모교육을 병행 자녀 관계의 회복과 일관성 있는 양육 방식에 대한 교육실시

중기 :

- 심하게 공격적이거나 반항적인 경향은 감소. 자신의 분노에 대해 더 정확하게 인식하고 효과적으로 조절하는 능력을 향상시킴. 사회적 기술을 향상시키는 개입의 초점을 둠
- 부모교육은 지시하기, 일방적인 통제를 줄이고 행동 계약 맺기 등에 초점을 두어 계속 병행

후기 :

- 안정되고 감정과 행동 통제력이 향상됨. 할머니와의 양육방식에 변화가 있고 관계가 개선 되면서 반항적인 경향도 감소. 여러 좌절 상황에서 자기 통제력이 향상될 수 있도록 치료 성과를 일반화시킴

10) 결과

2. 수퍼비젼 받은 내용

- 강의 참고

9장 청소년사례 발표 및 수퍼비젼1 (자폐스펙트럼장애 청소년)

I. 청소년의 특성 및 중재(자폐스펙트럼장애 청소년)

1. 자폐스펙트럼장애 청소년의 특성

1) 자폐스펙트럼 장애(Autism Spectrum Disorder, ADS)
- 발달 초기에 시작되는 신경발달장애의 한 형태
- DSM-5에서 자폐스팩트럼장애는 사회적 의사소통 및 상호작용의 지속적인 결함과 제한적이고 반복적인 행동, 관심, 또는 활동 패턴의 두 가지 진단기준을 충족시켜야 함
- 자폐스팩트럼장애를 가진 사람들은 전생에 걸쳐 의사소통의 질적 장애, 강박적 행동과 관심, 비정상적인 감각처리 특성들이 나타남
- DSM-5를 통해 신경발달장애로 포함시켜 뇌의 기질적 이상이 크게 부각되었음
- 원인으로 크게 심리적 원인, 유전적 원인, 기질적 원인, 면역학적 원인으로 나눌 수 있으나, 한 가지 원인이라기보다 복합적으로 작용하

여 장애가 나타난다고 봄

2) 자폐스펙트럼장애 청소년

- 청소년기는 2차 성장으로 인해 신체적. 생리적으로 급격한 변화가 일어나면서 아동이 성인으로 발달해 가는 전환기임
- 신체적. 정서적. 사회적으로 변화를 경험하면서 건강한 성인기를 준비하기 위한 여러 가지 발달 과업을 갖음
- 자폐스팩트럼장애 청소년은 여러 장애 특성으로 독립적인 성인기를 준비하기에 제한점을 가짐
- 자폐스펙트럼장애 청소년이 적응적으로 삶을 살아가고 독립적인 성인기를 준비하기 위해서는 이들의 장애 특성과 그에 따른 필요를 이해하고 이에 기초하여 지원해야 함

3) 자폐스펙트럼장애 청소년의 언어 및 의사소통

- 자폐스팩트럼장애 청소년은 일반적으로 인지적 결함으로 인해 언어 이해가 매우 지체되어, 화용론(사회적 사용) 장애도 흔함
- 언어적. 비언어적 의사소통 발달의 지체를 보임
- 제한된 관심과 상동증적 특성으로 특이한 언어를 반복적으로 되풀이 함
- 의사소통의 특성상 대화를 개시하는 발화는 거의 없고, 대화 시 주로 "예, 아니오 " 나 상대방의 말을 반복하는 발화, 반향어와 같은 대화 방법을 사용함

4) 자폐스펙트럼장애 청소년의 정서

- 자폐스팩트럼장애 청소년들의 정서 발달도 일반 청소년들과 마찬가지로 사춘기의 생리적 변화로 인한 심리적 변화를 경험함
- 동일성에 대한 집착으로 학교나 지역사회 환경에서 끊임없이 발생하는 크고 작은 변화를 스트레스 요인으로 받아들이는 특성이 있음
- 자폐스팩트럼장애 청소년은 수시로 경험하는 심리적인 스트레스, 긴장과 불안, 사회적 고립으로 인한 우울로 낮은 자존감을 보이고, 빈약한 학업적 수행과 다른 형태의 정신병리적인 문제를 경험할 수 있게 함
- 사회적 불안이 높을 경우에 또래로부터의 회피와 함께 자해행동, 공격행동, 파손행동, 무절제한 성적행동, 주의력 산만 행동과 같은 문제행동을 촉발함

5) 자폐스펙트럼장애 청소년의 행동적 특성

- 자폐스팩트럼장애 청소년은 사람보다 사물에 더 관심을 보이고 사람의 특정 부분(색, 모양), 감촉, 소리 자극에 한정된 주의를 기울임
- 다른 주제로 주의를 전환시키거나 집중하는 것에 어려움을 경험함
- 자기자극행동 또는 상동행동이 보임
- 행동은 감각 조절, 불안, 인지적 손상, 빈약한 신경학적 억제에서 유발될 수 있음(정서적 안정의 역할을 하기도 함)
- 행동에 융통성 없이 집착하면서 정확한 순서에 따라 활동을 수행하기를 원함
- 사소한 변경에 대해 쉽게 흥분하고 불안해하는 모습들이 관찰되고,

자신의 관심 영역을 확장하거나 대안적인 행동을 시도하려는 동기가 결핍되어 있음

2. 자폐스펙트럼장애 청소년의 치료적 중재 방안

1) 발달적 미술치료 기법

- 정상발달에 있지 않은 내담자를 이해하고 조정하기 위한 기본 구조로 발달의 정상화에 초점을 둠
- 정상발달에 있지 않은 내담자를 미술치료적으로 평가하고(매체를 사용 과정과 창작물의 결과 관찰), 미술표현 발달단계를 준거로 내담자의 기능에 따라 행동을 평가함
- 치료 접근법이 다르게 전개되어야 함
① 발달이 지체된 내담자를 위해
② 내담자의 발달 수준에 맞춰 매체의 사용과 선택
③ 조작 능력에 대한 평가, 상징적 표현에 대한 가능성, 정서표출 능력 평가
④ 내담자의 특징에 대한 치료자의 이해와 태도, 작업환경 등이 고려되어야 함
  - 인지, 정서, 운동 능력 등 손상된 부분의 발달이 원활히 이루어지도록 미술치료 프로그램이 계획되어야 함

II. 청소년에 대한 미술치료적 접근

1. 자폐스펙트럼장애 청소년과 미술치료

- 정서변화는 사회적 발달과 밀접하게 관련되어 있어 미술치료에서 자폐스펙트럼장애 청소년의 정서적, 사회적 기능이 개선되는 것에 중점을 둠
- 자신을 표현하고 타인과 환경과의 상호관계를 다루어 줄 필요가 있음
- 그림 특성으로 반복적인 도식들이 많이 나타남 → 도식들은 정서적으로 적응이 안 되는 아동이 현실로부터 도피하고 안정과 만족감을 느끼려는 특성과 동일함
- 사람을 거의 그리지 않고 사물을 주로 표현함.
- 다양성과 상상력의 결여, 경직된 사고와 규칙적인 것에 집착하는 성향으로 도화지에 숫자, 글자, 기호를 표현
- 기계적이고 반복적인 도식의 형태가 변화를 일으킬 때 성장의 시작을 알리는 단서가 될 수 있음
- 자폐스펙트럼 청소년이 갖고 있는 깊은 잠재성과 내면의 욕구를 자극하여 외부로 표현할 수 있도록 해야 함
- 지지적이고 수용적인 자세가 일관되어야 함(안아주는 환경)
- 장애 특성으로 특정 감각의 매체를 사용하지 못하거나 구체적인 표현에 어려움이 있는 자폐스펙트럼장애 청소년에게 변화된 매체를 단계별로 제안하고, 새로운 표현 기법에 대해 점진적인 모델링과 촉구 활

동으로 발달에 도움을 줄 수 있음

- 작업의 주제와 매체를 스스로 선택하는 미술치료 환경에서 자폐스펙트럼 청소년은 자발적으로 재료와 주제를 선택, 능동적으로 작업을 진행할 수 있음

2. 자폐스펙트럼장애 청소년 사회성과 미술치료

- 정서의 중요한 변화가 사회적 발달을 초래하기 때문에 미술치료에서 자폐스팩트럼장애 청소년의 정서적. 사회적 기능의 개선에 중점을 둠
- 사회적 의미에서 자신을 표현하고 타인과 환경과의 상호관계를 다루어 줄 필요가 있음
- 일반아동의 미술적 발달단계를 파악하여 자폐스펙트럼장애인의 미적 표현을 구별할 수 있어야 함
- 새로운 것을 학습하여서 표현하거나 환경과 자신의 관계 등을 표현하는데 어려움이 있음
- 미술치료실의 공간, 시간, 조명, 방음과 같은 물리적 환경과 일관된 치료사의 자세 등 예측 가능한 물리적. 심리적 치료 환경이 주어져야 함.
- 미술치료 과정에서 이미지를 만드는 것은 언어 발달이 지체되어서 사회적 상호작용에 참여하지 못해 단절된 생활을 해왔던 자폐스펙트럼장애 청소년에게 새로운 의사소통 수단이 될 수 있음
- 미술치료를 통해 자신의 경험과 정서를 표현하며, 자기표현의 기회를 얻을 수 있고, 외부 세계와의 단절을 회복하는데 도움을 얻게 됨

- 사회성 향상을 위해 정서 영역의 발달이 정상적으로 이루어질 수 있도록 사춘기를 맞아 불안정해질 수 있는 감정을 적절히 표출하여 정서적 안정감을 갖도록 도와주어야 함
- 매체의 경험은 자폐스펙트럼장애 청소년의 심리적 어려움을 바람직한 방향으로 표현하게 하여 카타르시스를 경험하면서 정서적 문제를 회복할 수 있음
- 사회적 접촉 경험이 부족한 자폐스펙트럼장애 청소년은 치료사와의 상호작용을 증가시키므로 이전보다 긍정적인 대인관계를 형성할 수 있게 됨
- 다양한 매체의 활용은 작은 변화에서 늘 긴장과 불안을 경험하는 자폐스펙트럼장애 청소년에게 변화에 적응력을 습득하도록 도움을 줌
- 작업의 확장으로(평면에서 입체로 등) 관심대상에 대한 개념을 넓혀주므로 사고 능력을 향상시킬 수 있고, 새롭게 시도하는 능력을 길러 줄 수 있음
- 창작해낸 미술작품은 치료사와 관심을 공유하는 하나의 대상물로 사회적 관계를 시작할 수 있도록 도와줌
- 치료사와의 신뢰 관계가 향상 될수록 의사소통 수단의 질적으로 향상되어짐
- 반향어, 상동 행동이 아닌 기능적인 사회적 의사소통으로 발전될 수 있음
- 자유로운 자기표현이 확보되어지는 미술 치료환경 속에서 발성, 안면 표정, 몸짓, 눈 맞춤과 같은 비언어적 의사소통과 다양한 욕구, 자기 과시와 같은 언어적 의사소통을 발전시킬 수 있게 됨

〈연구논문을 통한 긍정적 결과〉

- 점토 활용의 입체조형 활동은 자폐스펙트럼장애 청소년의 성취감을 향상시킬 수 있음
- 성취감을 통한 긍정적인 자아개념이 형성되면서 사회성을 발달시킬 수 있음
- 신체상을 표현하는 미술 활동에서는 자기를 인식하고 타인에 대한 관심을 갖게 하여 치료사를 모방하거나 요구하는 등 사회적 행동이 증가하게 됨
- 꼴라주 기법을 통해 인물상에 대한 표정이나 기분에 대한 관심을 보이며 감정의 표현이 증가되고, 타인의 감정을 읽으려는 태도를 발달시킬 수 있음
- 비장애인과 협동 작업을 실시함으로, 사회적 관계 안에서 다른 사람의 관점을 이해하는 능력과 협력성을 기르게 됨

〈결론적으로〉

- 발달단계를 고려하여 사회성과 상호 연관된 인지. 정서. 언어. 행동 발달 영역을 함께 고려해서 발전시켜야 함
- 다양한 이론적 틀 위에서 통합적인 접근을 해야 할 필요성이 있음
- 변화에 대한 저항과 사회적 관계에 대한 불안과 회피 성향이 있는 자폐스펙트럼장애 청소년의 정서적 안정감을 확보하는 것이 우선시 되어야 함
- 구조적인 치료환경을 구성하고 사회적 상호작용과 의사소통을 촉진시킬 수 있어야 하고, 사회성 기술을 학습시킬 수 있는 미술치료를 진행할 필요가 있음

III. 사례발표 및 수퍼비젼

1. 사례개념화 (사회적 상호작용 향상을 중심으로)

1) 내담자 인적사항 및 특징
- 내담자는 중학교 3학년 남학생이며 1남1녀

2) 의뢰배경 및 상담 배경

3) 내담자의 주호소 문제
〈모〉

- 강박적인 반복행위가 더 많아짐.
- 예전보다 착석이 잘 안되고 자꾸 일어나서 나가려는 행동을 취함(특히 학교에서)
- 훈육 시 몸을 흔들고 머리를 벽에 부딪치면서 분노를 표현하며 자해하는 행동을 취함
- 수업 중 친구의 행동에 갑자기 소리를 지르고 머리를 때리는 모습이 보이기 시작했다고 함

4) 내담자의 발달사
- 4세 때 자폐성장애 2급 진단
- 초등학교 4학년 때 자폐성장애 1급 재 진단

5) 가족사항

6) 검사

7) 사례개념화
- 강의 내용 참고

8) 치료 목표 및 전략
 ① 치료목표
   - 의사소통의 결함, 타인과의 정서적 교류 능력이 부족한 내담자의 자기표현능력을 향상시킴
   - 심리, 정서적 갈등을 극복하고 자신의 감정 인식을 소통할 수 있도록 함
   - 자기조절을 통한 자해행동 감소시키기
   - 사회적 상호작용과 의사소통 발달을 도움
 ② 전 략
   - 내담자가 다루기 쉬운 매체를 통해 미술작업을 즐길 수 있도록 함
   - 감각매체를 활용하여 정서적 안정과 함께 자기자극 행동의 대체물을 제공함
   - 반복된 표현을 다양한 방법(평면, 입체 등)으로 확장 시켜줌
   - 구체적인 주제를 제시하여 사회성을 향상시킴

9) 치료회기

① 초 기

- 신뢰감 형성 및 정서 이완
  - 치료환경에 대한 저항감 감소
  - 미술작업에 대한 흥미유발
  - 긴장과 불안감 완화
  - 치료사와 함께 신뢰감 형성

② 중 기

- 사회적 적응력 향상
  - 감각매체 탐색, 자기표현 발달
  - 정서적 안정감, 자기조절 능력 향상
  - 자기인식, 타인인식 발달과 상호작용 촉진

③ 후 기

- 사회적 상호작용과 의사소통 발달단계
  - 사회적 관계를 단계적으로 표현
  - 소망표현으로 만족감과 의사소통 발달
  - 작품에 표현된 생각을 생활에서도 표현
  - 사회적 정체성 인식, 수용, 발달

10) 결 과

- 긍정적인 치료사와의 관계를 통해 사회적 관계에 대한 불안이 감소됨
- 사회적 관계에 대한 불안감이 감소하면서, 사회적 의사소통이 증가하고 대인관계가 발달함

- 치료사를 쳐다보거나, 다른 방의 치료사를 찾는 등의 행동
- 학교에서 담임선생님과 하이파이브 하는 행동
• 반향어 대신 상황에 맞는 사회적 의사소통이 증가
- 욕구 불만일 때 보였던 충동성, 도전적 행동 등 감소
- 언어사용(비언어적 행동 포함)등이 증가
• 타인의식이 발달됨
- 모방학습을 통해 사회성 기술이 향상
- 치료사의 행동을 눈으로 쫓는 등의 변화
- 미술작업에서 뿐 아니라, 언어. 사회적 행동도 모방하게 됨

2. 수퍼비젼 받은 내용

- 강의 참고

10장 청소년사례 발표 및 수퍼비젼2 (우울 청소년)

I. 청소년의 특성 및 중재(우울 청소년)

1. 우울증을 보이는 청소년의 사례 - 청소년 우울의 특성

(1) 청소년 우울에 대한 이해
- 초기청소년기 발달 아이들이 나타내는 우울감은 성인의 우울장애와 유사한 우울감, 죄책감 외 짜증, 분노, 신체증상 등을 보임
- 중. 후기 청소년기 발달단계 청소년은 성인과는 다른 가면성 우울을 나태내는 것이 특징
- 나이가 어릴수록 자신의 우울감정을 제대로 표현하지 못할 수 있음
- 우울을 방치할 경우 아동은 야뇨증, 청소년은 학교부적응과 반사회적 행동문제로 이어져 성장문제가 나타남
- 성인 후 재발의 가능성이 높고 자살문제로 갈 수 있음

(2) 청소년 우울감이 발달에 미치는 영향
- 우울은 가벼운 감기 같은 것으로부터 심각한 문제로 진행되는 병리임
- 소아기에는 남녀 빈도 차이가 거의 없고, 학령기 발달에서는 남아가 다소 많은 것으로 보고됨
- 초기 발달에서 겪는 상실과 관련된 우울 문제는 아동기 또는 청소년 초기에 분리불안, 과잉행동, 애착장애 등으로 나타남
- 청소년기에는 무단결석, 학업실패, 흡연, 약물남용, 반사회적 행동 및 품행장애, 성적으로 문란하거나 가출 등이 나타날 수 있음
- 중요한 것은 유아동기 우울감을 방치하게 되면 청소년기 적응문제를 일으키며, 다시 성인 우울증으로 진행될 수 있어 우울에 대한 이해가 중요함

(3) 청소년 우울의 특성적 분류
- 아동청소년기 우울은 1980년 DSM-III 처음으로 개념화되었음
- 진단기준은 성인의 우울장애를 따름
- 기분장애로 불리는 우울은 경한 우울과 심한 우울로 분류됨
  - 경한 우울
  - 심한 우울
    : 지연성 우울, 격정성 우울
- 경한 우울의 특성
  - 정서적으로 우울감과 슬픔의 느낌
  - 자신감이 없고 매사 의욕이 없음
  - 평소 수행한 던 일에 문제가 생기고 하던 일을 포기함

- 대화의 주제가 제한적이고 답변이 느림
- 미래의 부정적 결과를 예측하고 불안해 함
- 우유부단
- 다양한 신체화 증상이 나타남
- 건강을 지나차게 염려하는 표현이 많음
• 심한 우울의 특성
- 정서적 고통이 더 심함
- 표정이 없고 무감동한 얼굴
- 체중이 감소, 땀과 같은 분비물이 현저하게 감소, 변비증을 호소
- 수면장애
- 아침에 우울이 가장 심함
- 행동의 지연현상이 나타나고 심하면 혼수상태에 빠지기도 함
- 격정성 우울의 경우 불안, 걱정, 긴장, 미래에 대한 심한 불안이 있음
- 자살과 자해행동, 타인에게 위험한 행위를 나타낼 수 있음
- 폭력행동이 있을 수 있음
- 자발적 운동행위는 사라지고 외부 자극에 최소한의 반응만 함

(4) 우울문제에 영향을 미치는 요소들
• 가족 내에서 집단적으로 발생하는 경향이 있음
• 흔히 부모 중 한 사람이 우울장애가 있을 수 있음
• 13세 이전에 아버지가 사망한 경우일 수 있음
• 가족관계에서 지나치게 동일시되고 정서적 분리가 안 되어 있음
• 부모의 죽음과 이혼 등 상실경험이 있음

- 아동학대와 가정폭력 등의 충격적 사건에 연루되어 있음
- 일상에서 스트레스에 노출되어 있고 대처 능력이 약함
- 학교나 집단 속에 있을 때에는 어느 정도 적응하나, 혼자 있는 상황에서는 혼돈상태로 들어감
- 혈청 콜레스테롤 수치가 일반적인 수치에 비해 낮다

2. 우울증 평가를 위한 치료사 역할

1) 평가를 위해 치료사가 확인해야 할 내용
- 우울의 유형에 따라 적응문제와 성인 우울증으로 갈 수 있기에 반복되는 증상과 행동에 유의해서 관찰하여야 함
- 우울문제를 확인하기 위한 기본적인 평가는
  - 섭식태도와 체중변화, 수면습관, 침착성, 사회적 상황에서의 안정감, 관심의 정도, 자아개념, 집중력, 자해 및 타해 등의 위험행동, 호소하는 신체증상, 자살사고, 중독성(약물남용 등)
  - 최소 4가지 이상의 증상을 보이면 특별한 관심이 필요함
- 평가 내용
  - 해결되지 못한 애도상태의 지속
  - 부적절한 죄책감
  - 혼자 방에 있거나 짜증의 변화를 평가
  - 기분과 정서적 흐름의 확인
  - 현저한 집중력 저하문제

- 자신에 대한 어떤 생각과 느낌을 갖는지
- 친구관계
- 성적의 변화
- 과거부터 해오던 일들을 해내지 못하거나 현저하게 능률이 저조한지
- 거짓말, 훔치기 등의 충동적인 문제
- 반사회적 경향성의 문제와 발생시기와 과정
- 자해적인 공격행동
- 관계에서 갈등과 불만이 있거나 위축
- 타인에게 폭력을 휘두르거나 협박한 적이 있는가
- 과거 정신과 또는 유사기관을 방문한 적이 있는지
- 가족과 친척 내에 정신과적 어려움이 있는 사람이 있는가

3. 중재를 위한 치료사의 자세와 접근

1) 청소년의 우울감이 경한 경우

- 1차적으로 자살사고를 확인, 가족 내에서 자존감을 갖도록 가족환경을 재정립함
- 상실경험을 탐색하고 미해결요소와 우울과의 관계를 이해
- 우울감정을 표현하도록 지지하고 인정
- 과거 상처경험과 분노 및 슬픔을 탐색하고 현재 우울증상과의 관련성을 이해하도록 도움
- 비관적인 신념에서 벗어나 긍정적인 인지구조를 갖도록 도움

- 생활습관을 평가 후 건강한 습관을 연습하도록 도움
- 부정적 사고에 대한 인지변화와 대인관계를 위한 지지적 집단도 도움
- 부모교육을 통해 우울을 이해하고 혼돈을 해소하도록 돕고 긍정적 역할을 지지함

2)청소년의 우울감이 심한 경우

- 일상생활이 어려운 경우, 자살사고가 있을 경우 입원이 가장 중요한 대처임
- 우울은 칼로리 섭취가 충분해야 하므로 섭식을 거부할 경우 강제 급식과 수분 공급을 해야 함
  - 회복기에 자살사고가 높으므로 유의해야 함
- 충분히 회복되기까지는 책임을 떠맡기는 것을 피함

II. 청소년에 대한 미술치료적 접근

1. 우울증 청소년과 미술치료

- 청소년기는 미술표현 발달 측면으로 볼 때 자기의 개성을 발견하고 자기 나름대로 대상을 탐구하며, 창조성이 뛰어난 시기임
- 미술치료를 통해 자기 자신에 대해 인식하고 자신의 욕구와 소원에 대해 좀 더 알게 되는 기회가 주어지며, 현재의 문제와 갈등을 다룰 수 있는 힘을 얻게 됨
- 미술을 통한 자기표현이나 주요대상인 가족표현, 그에 따른 여러 가지 사건과 감정들을 그려내는 것이 우울증을 극복하고, 건강한 정신을 갖도록 도움이 됨
- 우울증의 증상인 실망, 슬픔 등 부정적인 감정이 심화된 상태에서 조형 활동을 통한 자기표현은 카타르시스를 느끼게 하며, 자신의 우울증 모습을 바라보고 대면할 수 있게 함
- 내면에 일어나는 충동과 감정을 미술작업을 통해 표현함으로 성취감을 가질 수 있으며, 치료과정은 무기력과 침묵으로 일관하기 때문에 미술치료의 미술이 의사소통의 역할을 하기도 함
- 욕구불만의 발산은 우울한 청소년의 자아개념과 자긍심을 향상시키고 대인관계 기술을 증진시킴으로, 여러 문제점에서 자율적으로 대처하고 해결해 나갈 수 있게 도와줌

2. 심리치료를 위한 치료사의 이론적 접근

(1) 심리치료의 의미와 유의해야 할 사항
- 우울의 이차적인 문제를 방지
- 심리치료는 경한 우울이나 심한 우울 모두에 도움이 됨
- 내적인 문제에 너무 초점을 두면 오히려 죄책감을 심화시킬 수 있으므로 유의
- 인지 가능한 목표를 세우고 단기치료를 변형한 분석적 치료가 도움이 될 수 있음
- 우울문제는 사실적인 문제, 환상 속의 상실문제에 대해 정서적으로 과하게 반응하고 있다는 사실을 인식해야 함
- 억압된 분노에 의한 죄책감과 수치감으로부터 도피하려는 욕구가 있다는 점을 이해함
- 치료사가 감정을 언어로 표현해주는 것은 죄책감을 느끼지 않으면서 감정을 표출하도록 돕는 것임
- 과거의 상실보다는 최근의 상실에 초점을 둠
- 꿈을 사용하는 것은 개인의 갈등과 욕구가 무엇인지 아는데 도움이 됨

(2) 우울 청소년과 인지치료 접근
- 최근 우울증에 인지치료가 효과적이라는 연구 결과가 많음
- 자신과 세상에 대한 부정적인 태도 변화에 도움이 됨
- 인지의 왜곡을 합리적으로 바꾸는 데 초점을 둔 단기치료로 진행됨
- 약물치료와 병행하는 것이 더 효과적일 때가 있음

(3) 우울 청소년과 관계론적 치료접근

- 내담자가 드러내는 대인관계 문제가 과거에 원인이 있다고 보고 대인
  관계 또는 대상관계를 변화시키는 데 초점을 두는 접근임
- 일차적으로는 무의식의 내적 갈등을 다루기보다는 자신감, 사회성 기
  술, 사고 왜곡에 초점을 두고 다룸
- 조증 상황에서 부정적 감정을 치료사에게 유발시킬 수 있음
- 우울이나 분노와 보복하는 과잉행동에 의존하지 않고 우울감과 상실
  에 직면할 수 있는 단계에 이르도록 하는 것이 치료의 목적임
- 가족치료가 필요할 수 있음

III. 사례발표 및 수퍼비젼

1. 우울증 청소년 사례

1) 내담자 인적사항 및 특징
- 내담자는 인문계 고등학교 2학년에 재학중인 여고생임

2) 의뢰배경 및 상담 배경

3) 내담자의 주호소 문제
- 내담자에 의해 다음과 같은 호소들이 제기 되었다.
① 너무 피곤한데 잠이 들어도 금방 깨고, 자는 중 여러 번 깨서 자도 피곤하고 졸려서 짜증이 많이 남
② 우울함이 많음
③ 언니(짜증스럽고)와 엄마와의 관계가 불편하고 답답하다고 함
④ 작년 10월에 생긴 문제로 그 친구들이 자신에게 욕을 하고 소문을 내는 것이 싫고 두려워 학교가기가 싫다고 함

4) 내담자의 발달사
- 중학교 졸업쯤 엄마와 살게 됨

5) 가족사항

6) 검사

① KCYP

② HTP 검사, SCT 문장완성검사

③ DAS 검사

7) 사례개념화

• 강의 내용 참고

8) 치료 목표 및 전략

① 치료목표

목 표

- 자신의 생각과 감정을 억압하지 않고 말로 표현하도록 격려해주면서 언어적 표현력을 증가시켜 자기정서를 인식한다.
- 미술치료프로그램을 통해 긴장이나 불안, 위축을 해소시켜 정서적 이완과 안정감을 갖고, 우울적 증후를 감소시킨다.
- 다양한 미술매체의 경험을 통해 해결과제 상황에서 대처할 수 있도록 적절한 대처능력 및 문제 해결 기술을 키워 준다.
- 가족의 적극적인 관심과 이해, 지지를 통해 자신감을 키운다.
- 만족감과 성취감 등 에너지를 향상 시키고 긍정적 자아상을 향상 시킨다.

전 략

- 치료자와 신뢰감, 친밀감을 형성하여 긴장감을 이완하고, 성장과정에서 겪은 상처들을 표출하여, 감정표출의 기회를 갖는다.

- 미술프로그램을 통해 내면세계에 억압된 부분을 재통합하는 기회를 가지며 자신의 요구를 인식하고 표현함으로써 정서적인 안정감을 갖는다.
- 내담자 가족에 대한 분석과 이해를 통해 부적응 행동을 감소시키며, 가족의 지지와 이해를 통해서 긍정적 자아상을 갖도록 한다.
- 다양한 미술활동을 통해 내적인 감정을 탐색하고 더불어 자기탐색과 함께 자신을 이해하고 수용하며 자존감의 향상을 도모한다.
- 긍정적인 삶의 목표에 필요한 것들이 무엇인지 탐색한다

9) 치료회기
- 초기 :
  - 신뢰감 형성 및 정서 표현 및 이완
  - 치료자와 친밀강 형성
  - 미술작업에 대한 흥미유발
  - 긴장과 불안감 완화 및 정서적 안정감 갖기
  - 자신의 감정을 알고, 자신의 모습을 자각
- 중기 :
  - 우울감소와 대처능력 향상
  - 억압된 부분을 표출하고 내적 욕구 표현
  - 부정적인 자아 이미지를 수용, 통합
  - 자신의 감정을 언어적으로 표현하기
  - 문제해결력 및 대처기능 향상
- 후기

- 긍정적 자아상 향상

- 과거의 기억을 인정하면서 감정을 정화

- 새로운 자신의 모습을 재정립하여 긍정적 자아상 형성

- 미래를 설계하여 자기상 만들기

10) 결과

- 가족의 관심과 지지는 적었지만, 자기탐색과 자기 인식을 통해 자아를 발견하고 긍정적인 자아상을 향상시킴

- 자신의 생각과 감정을 언어화 하면서 교우관계나 엄마, 언니와의 관계에서 적절한 대처기능과 문제해결력을 향상시킴

- 무력감과 불안, 위축 등 우울적 증후가 감소되어 목표를 성취함

- 신체화 증상이 많이 감소됨

2. 수퍼비젼 받은 내용

- 강의 참고

11장 성인사례 발표 및 수퍼비젼1 (지적장애인)

I. 성인 지적장애인의 특성 및 중재

1. 성인 지적장애인의 특성

1) 지적장애인의 특성

 (1) 일반적인 행동 특성

 - 판단력이 떨어지고 선악의 구별이 잘 되지 않음

 - 습관이 형성되면 행동이 고착화

 - 책임감과 사회적 기술이 부족하며, 충동을 조절하는 능력이 없음

 - 적응 행동 결함으로 부적절한 행동을 하여 대인관계가 원만하지 않음

 (2) 심리적 특성

 - 성공에 대한 낮은 기대감을 갖고, 실패를 회피하려는 경향

 - 성공을 위한 노력을 하지 않으며, 욕구의 통제가 되지 않아 과잉행
 동이나 무기력감을 보이며 주위에 무관심

- 자신감이나 책임감이 없고 대체로 사람에 대해 경계적인 태도를 취함

(3) 인지적 특성
 - 주의집중이 어렵고 산만하며, 경제 관념이 없고 선악의 구별이 잘
   되지 않음
 - 모방학습이 어려움
 - 학습의 속도가 느리고, 학업 성취에 어려움을 보임

 ● 이와 같은 특성은 일반적인 특성이며, 실제 적용에서는 개개인의
   특성에 따라 매우 다양하게 나타날 수 있음

2) 지적장애 성인의 심리적 특성
 • 언어표현 단계가 낮고 자신과 타인의 감정을 이해하는데 어려움을 느
   낌
   - 사회인지 능력이 낮기 때문
 • 선천적 발달지연에서 비롯된 표현의 특성은 심리적 요인과 환경적 요
   인에 의해 영향을 받음
 • 성장하면서 지속적으로 욕구가 좌절되거나 실패감에 부딪치기 때문
   에 기대가 낮고 실패를 회피하려 함
   - 동기수준이 낮고, 낮은 수행력을 보여 실패를 거듭하게 됨
 • 감정과 욕구 등을 적극적으로 표현하지 못하는 수동적인 행동 양식을
   보임
 • 공격성을 보이기도 하는데, 반복된 실패 경험과 자기표현의 제한에서

의 욕구불만에서 비롯됨

3) 지적장애 성인의 사회적 특성

- 타인에 대한 조망수용력이 부족, 소통이 원활하게 이루어지지 못하고 부적절한 상호작용을 함
- 대인관계 시 상황에 맞는 말이나 행동을 알지 못하거나, 자신의 행동에 대한 타인의 반응을 인지하지 못하고, 사회적 상황에 대해 오해하기도 함
- 지적 능력 결함으로 언어능력, 통찰력, 판단력 등이 결핍되어 사회성 발달에 여러 제한성을 가짐
- 대인관계에서 비협동적, 비연대적, 불규칙적인 태도를 가지며, 의사소통능력은 사회생활 능력에 관한 여러 능력 중 가장 열악

2. 성인 지적장애인의 자기표현 중재 방안

1) 자기표현

- 사회 속에서 타인과 조화로운 관계를 위해서 자신의 생각과 감정을 적절하게 전달하는 표현력
- Wolpe(1958)는 "타인에게 불안을 느끼지 않고 자기의 감정을 적절히 표현하는 것"이라 정의

(1) 자기표현이란
- 자신의 감정 - 기분을 정확히 인식, 자신의 정서를 왜곡하지 않고 적절한 방식으로 표현하는 것
- 언어적으로 자신의 감정과 기분을 명명하거나 변별하고, 왜곡 없이 표현할 수 있는 것
- 비언어적 표정과 몸짓 등을 이용하여 자신의 감정을 솔직하고 자유롭게 전달할 줄 아는 능력

(2) 자기표현의 중요성
- 개인의 권리를 지키는 중요한 요소
- 긍정적인 상호작용과 건강한 대인관계를 유지할 수 있게 해주는 필수조건
- 원활한 의사소통과 바람직한 인간관계 형성 및 자기성장에 중요한 요인이 됨

2) 성인지적장애인의 미술로서의 자기표현
• 성인지적장애인의 특성은 일반 성인들과 큰 차이를 보이지 않음
- 외모에 대한 관심, 이성에 대한 호기심, 사회참여에 대한 관심, 다양한 자기표현 욕구 등
• 표현미숙으로 인한 실패 경험으로 심리적 위축, 효과적인 표현의 미숙으로 분노와 스트레스 축적
• 성인지적장애인의 우울증, 공격적 행동의 원인이 되기도 함
• 미술매체는 원활한 표현이 힘든 지적장애 성인에게 자기표현의 기회를 제공해 줌

- 자기를 표현하는 여러 방법 중 아주 효과적인 방법임

  - 자신의 내면을 솔직하게 드러내게 도와줌

  - 자신의 마음과 자신을 다시 바라보는 정신적인 작업이 됨

- 미술을 통한 자기표현은 느낌과 정서를 표현하고자 하는 인간의 보편적 표현 욕구를 만족시킴

- 자신의 감정과 느낌을 타인에게 더 쉽게 전달하고 교류할 수 있는 매개가 됨

- 발달적 측면에서도 신체적, 인지적 발달에 도움을 주고, 창의력과 자신감을 증진시킬 수 있음

- 정서순화에 도움을 줌

- 의사표현이 부족한 지적장애인의 생각을 이해하고 내면에서 필요로 하는 욕구를 채울 수 있도록 도울 수 있음

3. 성인 지적장애인의 자기효능감 중재 방안

- 낮은 자기효능감과 미술로서의 자기표현

① 자신의 능력에 대한 기대가 낮다는 것은 낮은 자기효능감으로 이어짐

  - 문제를 해결하는데 있어 다른 사람보다 더욱 많은 어려움과 실패의 경험 때문

② 지적장애인의 반복되는 실패의 경험은 다른 사람이 대신 과제를 수행해주어 발생 되는 의존성으로 인해 자기효능감이 낮을 수 있음

  - 자신을 믿지 못하고 예측한 결과가 이루어질 것이라 믿지 못하게 됨

③ 자기의 인지 능력과 행동에 대한 확신과 신뢰의 부족으로 문제를 해
  결해야 하는 상황에서 지나치게 의존하는 경향을 보임
④ 일상생활을 잘 영위하더라도 대인관계에 대한 어려움은 낮은 자기효
  능감에서 기인할 수 있음
⑤ 자기효능감은 지적장애인의 삶에서 큰 영향을 미침

II. 성인지적장애에 대한 미술치료적 접근

1. 집단미술치료

- 집단미술치료는 Yalom(2005)의 집단의 치료적 요소를 미술치료에 적용한 개념으로 미술과 집단의 장점을 함께 적용할 수 있음
- 집단치료에서는 지금-여기를 중요시함
  - 집단 안에서 지원과 나눔에 대한 경험을 통해 희망을 가지게 함
  - 사회적 상호작용을 통해 사회적 지지를 제공
  - 집단 안에서 타인도 나와 유사한 문제와 두려움, 걱정을 가지고 있다는 보편성을 일깨우게 됨
  - 우호적인 집단 안에서 감정의 정화를 경험하여 카타르시스를 통해 외상적 사건, 고통을 극복하고, 감정을 함께 나누는데 유용
- 집단 응집력, 이타주의, 사회화 기술의 발달, 대인관계를 통한 학습과 모방, 정화, 정보전달 등의 유용성이 있음
- 집단미술치료에서 다른 사람과 함께 이미지를 만들어 내고 나누는 것은 새로운 방식을 통해 서로 알아가고 창조적인 시각적인 의사소통을 경험하게 함
- 집단미술치료에서 경험하게 되는 미술활동과정은 신체적 에너지를 창조하고 새로운 생각에 대한 자극으로 작용함
- 내담자가 표현한 작품은 집단 안에서 내담자를 드러내게 함
- 이미지에 대한 공유를 통해 특별한 친교가 집단 신뢰성을 높이고 신

뢰성이 높아질수록 집단의 밀착이 증대됨

→ 집단원의 성장과 치료 작업이 진화해 나가게 함

• 집단원은 상호간에 거울 역할을 함으로써 서로를 비추게 되고 이러한 반영 작업은 내담자의 긍정적인 요소로 작용

2. 성인지적장애인과 집단미술치료

• 집단 구성원의 자발성을 향상시키고 사회참여 능력을 높일 수 있음

• 집단미술치료 과정에서 미술매체를 함께 사용하면서 자기의 욕구조절이나 타인에 대한 배려를 배우게 됨

• 공동작품을 만들면서 타인과의 자연스러운 관계경험을 통해 사회성 향상에 긍정적인 영향을 줌

• 공동과제를 수행하며 다양한 대안을 탐색하게 하고, 이 과정에서 긍정적 대인관계를 형성 가능

• 개별미술치료보다 집단미술치료 시 사회적 기술향상에 효과를 가져올 수 있음

▶ 결론적으로 집단미술치료는

① 지적장애 성인의 자기표현을 돕고 생각과 감정을 표출할 수 있게 함

② 자기조절과 배려의 경험을 할 수 있음

③ 타인과의 소통과 원만한 대인관계 형성을 도울 수 있음

④ 집단원의 긍정적인 부분을 모델링하고 소속감을 가질 수 있음

3. 성인지적장애인의 집단미술치료

 - 참여자 3명에 대한 대상자 개인별 정보
 - 참여 대상자에 따른 기관의 기대목표

① A내담자
   - 선택적 함구증에서의 변화
   - 자기표현 확대하기
② B내담자
   - 적절한 감정표현하기
   - 자기관리의 중요성을 인식하고 용모관리하기
③ C내담자
   - 감정기복의 안정
   - 자기감정 표현하고 동료와 잘 지내기

1. 사례개념화 (사회적 상호작용 향상을 중심으로)

1) 심리검사

2) 사례 개념화

- 성인지적장애인들은 정서적 부분과 내면에 있는 심리적 부분이 대체로 소홀히 다루어지면서 성장
- 장애의 특성으로 인해 내면에 있는 스트레스와 욕구를 발산하거나 타인과의 상호작용이 제한적으로 이루어져 자기표현이나 사회성 발달이 제한적으로 이루어져 직업 훈련 시에도 크고 작은 대인관계의 문제들이 발생하는 것으로 보임
- 학령기를 졸업한 성인으로 다양한 서비스를 받지 못하는 기간들이 길어지면서 더 고립되고, 위축되어 직업 적응 훈련시 자신의 강점들을 잘 살리지 못하는 것으로 보임
- 집단미술치료를 통해 흥미와 참여도를 높여 언어적 기술의 한계를 가진 성인지적장애인들의 자기표현력과 대인관계를 원활히 형성할 수 있도록 지원하고자 함
- 부모상담 및 교육을 통해 성인지적장애인들에게 가정에서 필요한 것들을 지원할 수 있도록 하고자 함

▶ 자기표현을 이끌어내고 자신의 감정을 표현할 수 있는 기회를 제공하여 직업적응훈련에 긍정적인 기능을 할 수 있도록 자기효능감을 향상시키고자 함

3) 치료목표 및 전략

(1) 목 표

- 자기표현력 향상을 통해 정서적 안정을 도움
- 내면의 갈등 문제를 표출하여 긍정적인 대인관계 유지
- 대처기능과 문제해결력을 향상시킴
- 정서적 안정을 통해 직업적응 훈련의 기능을 향상시킴
- 자아성장과 자율성, 자신감의 향상

(2) 전 략

- 미술치료를 통해 감정을 표출하고 자기표현을 촉진시킴
- 창의적인 능력을 증진시켜 생산적인 에너지를 배출함
- 다양한 매체를 통해 개인의 심리적인 측면을 깊이 있게 다룸
- 집단 구성원을 통해 모델링하고 관찰함으로써 사회적 기술을 습득시킴

① 초기

- 집단원들과 친밀감 형성
- 미술 작업에 대한 흥미를 유발하고 자신을 개방하도록 유도

② 중기

- 자기표현의 기회를 제공하고 성취감을 느낄 수 있도록 돕기
- 미술활동을 통해 자신의 감정과 욕구 탐색하기

- 미술활동을 통해 집단원들과 상호작용 기회 제공하기
- 미술활동을 통해 부정적 감정을 해소하고 감정과 배려 나누기
③ 후기
- 집단원들과 자발적 상호작용하고 긍정적인 교유 증진을 통한 소속
감 갖기
- 자신의 탐색을 통한 긍정적 미래를 설계하기
- 자기 존중감과 성취감 갖기

4) 프로그램 단계별 특징

5) 치료 진행 (회기 별 프로그램)

6) 결 과
 (1) 개별결과
   - A 내담자는 선택적 함구증을 보였으나 중기 후반부터 언어를 사용
   하였으며, 종결시점에는 작업장 내에서도 이야기를 하기 시작
   - B 내담자는 자신의 탐색이 잘 이루어져서 미래에 대한 목표를 세우
   는 등 자기관리를 하기 시작하고, 다이어트에도 성공
   - C내담자는 집단미술치료 후 직업장에서 감정 변화가 많지 않고 동료
   들에게 하던 잔소리도 많이 줄어들었고, 동료들을 받아들이기 시작
 (2) 전체결과
   - 자기표현이 향상
   - 성인지적장애인들의 개별문제가 긍정적으로 변화

2. 수퍼비젼 받은 내용

- 강의 참고

12장 성인 및 노인사례 발표 및 수퍼비젼2

I. 노인의 특성 및 중재

1. 노인의 특성

1) 신체적 특성

① 신체적인 노화는 신체구조와 기능의 약화, 기운이나 활력이 상실, 면역력의 약화로 질병에 대한 저항력을 잃게 만드는 노화과정을 말함

② 신체적 노화현상은 외적, 내적으로 진행됨

   - 신장의 감소, 지방의 감소, 피부의 건조함과 주름이 생김, 나이 반점, 체모의 감소, 치아의 퇴화운동감각의 둔화, 기억력 감퇴, 사회적 참여에서의 흥미감소, 적응력 약화 등

③ 감각 및 지각 기능의 변화, 노년기에 예비력의 저하로 새로운 활동이 요구될 때 충분히 대응하기 힘들고, 방위반응이 저하되어 회복기능과 적응력이 저하됨

④ 만성질환들을 자주 경험

- 수분, 칼슘이 감소, 골절 및 골다공증의 위험이 높음
⑤ 노화로 인한 신체 각 기관의 조정능력이 감소, 쇠퇴되어 생리적인 변화가 발생함
⑥ 생리적 변화에 따른 신체의 변화는 노인들에게 심리적, 사회적 변화의 원인이 됨

2) 심리적 특성

① 노화의 심리. 정서적 문제는 불안, 고독감에서 오는데, 감정적으로 쇠약해져 가족을 비롯하여 다른 사람으로부터 심리적 지지를 필요로 함
- 외부로부터 지지 자원을 얻지 못할 때 고독과 소외를 경험하게 됨
② 노인의 심리적 특성(Cavan)
- 건강과 경제적 불안감
- 생활 부적응에서 오는 불안과 초조감
- 정신적 흥미의 감퇴에서 오는 우울감
- 활동성의 감소
- 새로운 상황에 대한 학습이나 적응의 곤란
- 보수적, 다변화, 과거에 대한 집착, 누추함 등
③ 오랜 세월 사회경험과 개인의 삶을 통해 형성된 자아감으로 변화가 쉽지 않음(개인 간의 큰 차이가 있음)
④ 일반적인 심리적 특징
- 내향성 및 수동성의 증가
- 우울증 경향의 증가
- 경직성의 증가

- 성역할의 변화
- 조심성의 변화
- 유산을 남기려는 경향
- 친근한 사물에 대한 애착심
- 의존성의 증가

3) 사회적 특성

① 노인의 경험, 지식, 사고방식이나 사상은 점차 뒤로 물러나고 설 자리는 작아지는 실정임

② 사회적 위치의 변화는 정년퇴직을 기준으로, 직업에서 물러나게 되고 직업과 연결된 공식적인 사회적 지위도 상실하게 됨

③ 수입의 감소는 사회와 가정에서의 권위약화로 이어짐

④ 사회적 의존성은 증가하면서 소외와 고독을 느끼게 됨

⑤ 퇴직, 친구의 상실 등 사회적 관계망이 축소함

⑥ 노년기에는 사회적 지위나 역할의 상실로 인하여 자신의 가치를 낮게 인정하고 평가 함

⑦ 삶의 만족이나 자아존중감의 상실 및 자아실현의 감소를 경험하게 됨

⑧ 사회적 관계발전에 대한 의미 있는 논의를 통해 삶의 의미를 재조명하고, 삶의 가치를 나눌 수 있는 시간적 공간 제공이 필요시 됨

2. 노인 맞춤형 정서 지원 서비스 중재

1) 배경 및 목적

① 급속한 고령화와 노인정서 문제의 심각성

- 고령화 사회, 혹은 초고령사회로 진입
- 급속한 고령화로 가정과 국가 모두 노인 문제에 적절히 대응하지 못하고 있음
- 우울, 고독감, 스트레스, 알코올 중독 자살 충동 등 노인의 다양한 심리. 정서적 문제 심각
- 여성 고령화가 남성에 비해 빠르고 이들의 경제적 취약성이 심각함

② 노인 대상 지원서비스가 부족함

③ 우울 및 자살 고위험군 노인을 대상으로 정신건강, 사회참여 증진을 주요하게 다룸

2) 미술치료 메뉴얼

대주제	소주제
정서강화	우울, 고독, 자살, 스트레스 관리
치매예방	인지I,II, 감각I,II
사회적응	부부갈등, 가족관계, 대인관계, 지역사회적응
미래설계	은퇴 후 설계, 노인의 성, 웰다잉(죽음), 일(취미, 직업)

월차		주 제	내 용	목표
1월	1	자기소개 꼴라주	자신을 표현한 그림 붙이며 자기소개하기	친밀감형성
	2	내 마음의 정원	점토로 자신을 상징하는 나무, 정원 만들기	내면탐색
	3	색 소금 만다라	자유 만다라 그리고 색소금 장식	정서적 안정
2월	4	감정나무	점토로 나무와 열매 만들고 이야기하기	감정이해
	5	두항아리	내가 듣고 싶은 말, 듣기 싫은 말	감정표현
	6	마음의 방	자신의 마음을 여러 개의 방으로 나타내기	감정통합
3월	7	인생병풍	내 인생의 4계절	자기수용
	8	나의자원	자신의 이미지, 장점, 즐거움	자존감향상
	9	보물상자	보물상자를 만들고 담고 싶은 것 표현	소망감 부여
4월	1	색접시 만다라	색접시에 그림을 그리고 꾸밈	소망감 부여
	2	명절음식 만들기	지점토로 음식을 만들어 명절상 차림	인지력 향상
	3	따라그리기	OHP필름으로 명화 등 따라 그리기	인지력 향상
5월	4	지점토 목걸이	지점토로 목걸이 만들기	소근육 운동
	5	조각보 만들기	색종이를 이용 조각보 만들이	지남력 향상
	6	카드만들기	골판지 이용 카드 꾸미고 편지쓰기	공간개념향상
6월	7	달력 만들기	달력 만들기지	소근육 운동
	8	꽃병 만들기	유리병에 지점토를 붙이고 꾸미기	지남력 향상
	9	나의 살던 고향은	고향을 자연물 매체로 입체적으로 꾸미기	공간개념 향상
7월	1	사람, 일	마음을 나누고 싶은 대상 붙인 뒤 나눔	정서적 안정
	2	사람의 느낌	사랑의 감정, 인물을 색지에 붙이기	자타수용
	9	집단 만다라	한지와 입체 재료 사용하여 표현	공동체의식
8월	4	내 삶에 중요했던 것	기억나는 일, 만남, 꼴라쥬 표현	감정표현
	5	나의 손	자신의 손이 한일 나누고 석고 뜨기	긍정적자아형성
	6	버릴 것, 가질 것	버리고 싶은 것, 가지고 싶은 것 배에 싣기	문제해결력
9월	7	꽃처럼 아름답게	화분심기 & 꾸미기	성장욕구 인식
	8	나의 멋진 패션	흰색 셔츠에 자유롭게 꾸미기	자존감 향상
	9	되찾은 인생	하고 싶은 일, 변하고 싶은 일 꼴라쥬	내적자원 인식

10월	1	행복한 기억	행복했던 기억으로 자신에게 편지쓰기	긍정적 경험
	2	내가 살아온 길	인상 싶었던 일, 사건 등을 필름으로 표현	자신의 삶 수용
	3	선물	받고 싶은 선물, 주고 싶은 선물	관계인식
11월	4	나의 자랑거리	자신이 잘하는 자신만의 솜씨 표현하기	자존감향상
	5	조화액자 만들기	스티로폼에 한지와 조화를 이용하여 꾸미기	표현력향상
	6	유산	받은 유산, 물려주고 싶은 유산 찾기	자신통합인식
12월	7	감사의 꽃	감사대상에게 장미 꽃과 감사편지	행복감정
	8	소망나무	이루고 싶은 꿈을 색종이에 적어 봄	신체심리통합
	9	나의 상장	자신이 받고 싶은 상장 만들고 수여	정체성인식

※ 정서강화, 치매예방, 사회적응, 미래설계 프로그램

II. 노인 사례에 대한 미술치료적 접근

1. 노인미술치료

- 노인 미술치료는 방어를 감소시키는 창조적 미술 활동을 통해 노인들이 표현의 욕구를 만족하고 자아존중감 향상을 경험할 수 있음
- 노인들이 심리적 문제들을 수용하고 극복할 기회를 가지며 자신감, 자기표현력, 자기 신뢰감을 느낄 수 있음
- 노인들이 매체를 사용하여 자신의 작업 행위 및 결과물 창작을 정교화하는 치료의 한 형태라고 할 수 있음
- 문제능력에 어려움을 겪는 노인들도 비언어적인 미술 표현이 가능함
- 미술치료가 다양한 노인들을 대상으로 심리적 불안감 감소와 성취감 향상에 긍정적인 효과가 있음

2. 노인집단미술치료

1) 노인 미술치료와 노인 집단미술치료
  ① 노인미술치료는 노인 상황에 맞추어 미술교육과 미술치료 사이에 위치해 있음
  ② 미술치료와 미술활동의 구분이 어려움
  ③ 노인의 정신기능 감퇴에 따라 심리치료적 부분이 약함

④ 미술치료는 미술활동과 구분되어야 함

⑤ 미술치료는 내담자의 욕구에 민감하게 반응하며 치료과정을 이끌 수 있는 치료사와 치료적 관계가 있기 때문

⑥ 노화로 인한 인지기능 및 뇌 기능의 저하가 항상 예술능력을 손상시키는 것은 아님

2) 노인집단미술치료의 역할

① 노인의 집단 미술치료 활동은 노인에게 노년기의 고독과 소외 등에 대한 심리적 위안처가 됨

② 집단미술치료를 통해 고통스럽거나 외상적인 사건들로 인한 불안, 공포, 우울감 등의 감정들을 나누며 극복할 기회를 가짐

③ 깊은 신뢰를 바탕으로 이미지를 공유하면서 이별이나, 상실, 화, 실망, 삶의 무상삼과 같은 보편적인 문제를 경험하게 함

④ 집단의 지지적이고 이해하는 분위기는 좀 더 만족스러운 관계를 형성하게 함

⑤ 노인들은 집단 내에서 사회적 정체성을 발견하고 집단 활동을 통해 정체성을 유지하거나 발전시키고 정체성 손상을 복원함

⑥ 노인의 삶의 문제를 극복하는데 집단원들은 자원의 역할을 함

3. 노인집단미술치료의 효과

1) 치료목적에 따라 정서영역, 인지영역, 감각 및 운동영역, 사회영역으

로 나눔

2) 자신의 삶 전체를 회고하고 미래의 삶을 통합할 수 있는 정체성을 발견할 수 있음

3) 시각자료를 창조하고 만족감을 얻는 기회를 가짐

4) 미술치료를 통한 회상은 기억력을 자극하고 활성화함

5) 미술재료의 사용 및 기법의 활용으로 현실감각을 유지하게 함

6) 색채. 형태. 공간감각을 증진시킬 수 있는 인지기능에서의 효과가 있음

7) 대근육과 소근육 운동은 오감능력의 강화 및 신체기관의 협응력 향상의 효과를 기대할 수 있음

8) 미술치료로 인한 만남은 대인관계 및 다양한 사회적 양식의 체험과 감정교류의 조정역할을 증진시킴

4. 노인형맞춤 정서지원서비스 미술치료의 효과

1) 정서강화 프로그램
　① 친근한 주제와 매체로 구성
　② 미술치료활동을 통해 자연스럽게 감정을 표현하고 점차 자신을 인식하고 수용
　③ 우울, 고독과 같은 노년기의 부정적 정서를 감소시키고 긍정적인 정서로 전환함

2) 치매예방 프로그램

① 흥미로우면서도 주의력을 요하는 주제와 감각매체를 활용함

② 두뇌활동을 촉진

③ 완성도 및 성취감이 높은 활동으로서 일반 및 경증치매 노인에게도 활용 가능하도록 구성

3) 사회적응 프로그램

① 노년기의 심리적, 사회적 관점을 다룸

② 자신 및 환경과의 관계를 인식하고 자아를 강화함으로써 현실에서 보다 잘 적응할 수 있도록 함

4) 미래설계 프로그램

① 노년기의 긍정적인 미래관을 다룸

② 과거의 좋았던 기억을 회상할 수 있는 주제의 창작 활동을 통해 노년기의 상실감을 보완하고 활력을 부여하고자 함

③ 삶의 의지를 높이고자 함

III. 사례발표 및 수퍼비젼

1. 사례개념화

1) 내담자 인적사항

2) 사례 개념화

3) 치료 목표 및 전략
① 목 표
- 정서강화
- 치매예방
- 사회적응
- 미래설계

② 전 략
- 다양한 매체 및 기법을 통한 흥미유발과 성취감을 높임
- 감각매체를 다루는 수작업으로 두뇌활동 촉진
- 주제를 통해 자신의 내적. 외적 현실을 탐색하고 이해 및 수용
- 집단원의 지지와 이해 속에서 긍정적 사회성 형성과 긍정적 정서 갖
  기

4) 프로그램 단계별 특징

① 정서강화

- 심리정서적 개입

- 정서적 안정

- 내면을 탐색하고 감정을 표현

- 스트레스 해소 및 우울, 고독감과 같은 부정적 정서를 감소시킴

- 긍정적 정서로 현재의 정서를 전환함

② 치매예방

- 다양한 미술활동을 통해 소근육 운동과 주의력, 기억력 등의 인지지
  능이 향상

- 정서적으로 안정됨

- 완성도가 높은 매체 및 기법을 도입하여 흥미를 유발시키고 성취감
  을 높임

- 감각적인 매체활동을 통해 두뇌 활동을 촉진

- 인지적 기능을 유지. 강화할 수 있도록 함

③ 사회적응

- 노년기 준비를 어떻게 해야 하는가

- 비언어적인 방식과 예술적인 활동을 통해 신체적, 생리적 기능의 퇴
  화에 따른 .부정적인 심리적 변화에 대처할 수 있는 힘을 기르도록 함

- 긍정적인 자아상과 노년기의 삶의 질을 향상시킴

- 노년기의 상실을 보완하고 창의적인 활동과 함께 자신의 환경적, 심
  리적 변화를 수용

- 자신의 삶의 가치를 높임

④ 미래설계
- 심리, 정서적 개입으로 자신의 내적, 외적 현실을 탐색하고 이해함
- 수용과정을 거쳐 만족스러운 삶으로 살 수 있도록 자신의 통찰을 도움
- 창의적 활동을 통한 현실 수용과 노년기에 적응하여 변화하는 사회에 긍정적인 정서로 전환함

5) 결 과
- 12개월의 정부지원 프로그램으로 노인들의 정서변화, 치매예방, 사회성 향상, 긍정적 미래상 갖기 등 전반적인 향상을 보임
- 노인들의 연령이 높아 설문지나 그림을 통한 사전, 사후의 결과를 도출할 수는 없었으나, 가족과 주민센터 등의 보고에 의해 긍정적인 변화를 보고 받음
- 사전검사로 뇌파검사를 실시하고 사후검사로 뇌파검사를 비교하여 좌. 우 뇌의 향상과 함께 활성뇌파의 확장을 확인함

2. 수퍼비젼 받은 내용

- 강의 참고

13장 가족(부부) 사례 발표 및 수퍼비젼

I. 가족(부부)의 특성 및 중재

1. 부부의사소통

- 부부의사소통은 부부간의 언어적, 비언어적인 상호작용을 통해서 느낌과 의미를 전달하는 과정으로 정의할 수 있음
- 부부간의 상호관계를 구축하는데 있어서 가장 보편적인 요소가 의사소통임
- 부부갈등에 영향을 미치는 원인은 다양하게 제시되어 왔지만 보편적으로 수용되고 있는 것은 의사소통의 갈등에 있음
- 부부갈등시 사용하는 의사소통 방식은 자신의 결혼 만족도 뿐만 아니라 상대방의 결혼만족도에도 영향을 줌
- 부부간의 의사소통 결핍은 불만과 갈등을 심화시켜서 심각한 문제를 야기 시키고 부부관계를 방해함
- 부부의사소통의 특성은 공통적으로 기능적 유형과 역기능적 유형으

로 나눌 수 있음

- 기능적 의사소통
- 상대방에게 바라는 것과 두려운 것, 기대하는 것을 분명하고 솔직하게 자발적으로 표현함
- 새로운 변화에 민감하게 반응을 잘하는 것 등을 의미
- 긍정적이고 온정적인 표현
- 상대방에게 식별 있는 기대를 하는 것
- 역기능적 의사소통
- 상대방의 의견을 경청하지 않는 것
- 긍정적인 말을 하지 않는 것
- 새로운 상황을 적절하지 못하게 행동하는 것
- 서로 훼방하거나 투사하는 것
- 고집스럽고 의미 없고 불명확하며 애매모호한 것

• Jacobson과 Magolin(1979)은 문제가 있는 부부들이 다양한 의사소통 기술에 있어서 부족한 면을 보인다고 보고함
- 불충분한 의사소통,
- 불분명한 메시지
- 제3자를 통한 간접적인 의사소통은 병리적인 의사소통이라고 함

• 부부관계의 상호작용은 일정한 유형을 나타내고 있음
→ 문제해결을 하고 대처하는 방법에 부부가 서로 다른 문제해결 유형일 경우 서로 생각하고, 느끼는 방법에 영향을 줌

• 부부의 의사소통은 감정적인 면을 이해하고 그에 적절히 반응을 할 때 상호 신뢰감이 증진 될 수 있음

- 사실과 감정을 적절하게 전달, 서로 상대방을 이해하고 수용하며 친밀한 관계를 수립하는데 도움이 되는 효율적인 의사소통이 되어야 함
- 긍정적인 의사소통이 결혼관계 활력이 근원이며, 사려 깊게 자주 이야기를 나누려 노력 할 때 결혼생활이 성공적이 됨
- Lewis와 Spanier(1979)는 결혼생활의 높은 질은
  - 원활한 의사소통은 결혼의 질과 밀접한 관계가 있고
  - 부부관계에서 자신에 대한 의사표현이 많을수록
  - 효율적인 의사소통이 빈번할수록
  - 비언어적 의사소통이 정확할수록
  - 부부간의 이해가 있을수록
  - 감정이입이 많을수록
- 부부의사소통의 하위요인(강정실, 2015)
  - 자기표현, 상대수용, 상호이해
  - 자기표현 : 자기 자신에 대해 진솔하게 상대에게 표현하는 능력
  - 상대수용 : 상대의 말을 판단하지 않고 이해하고 받아들일 수 있는 능력
  - 상호이해 : 상대와 이견이 발생했을 경우 서로에 대해 이해하고 일치를 가져가기 위해 노력하는 기술

2. 부부미술치료의 중재

- 부부미술치료는 미술치료와 가족치료 분야에서 발전되어 온 미술치

료 형태임

- 가족미술치료는 Kwiatkowska가 가족 상호작용을 평가하고 가족구성원간의 공통된 주제를 인식하기 위한 일련의 미술활동을 사용하면서 시작되었음
- 가족미술치료는 미술활동이 진단과 치료의 수단으로 사용되며, 가족을 단위로 하여 치료하는 집단 미술치료의 특수한 형태임
  → 가족내 상호작용을 개선시켜 개인들이 더 잘 기능하도록 돕는 것
- 가족미술치료가 부부간에 적용되면서 부부미술치료로 발전하였음
- 부부미술치료는 부부관계에 긍정적인 효과를 미침
- 의사소통과 표현의 새로운 경험을 제공하고 치료사에게는 부부가 서로 어떻게 상호작용하고 문제들을 해결하는지 등을 볼 수 있는 기회를 제공하여 가족의 문제를 평가하는데 효율적임

II. 가족(부부) 사례에 대한 미술치료적 접근

1. 부부의사소통과 부부미술치료의 효과

- 부부의사소통은 부부관계증진을 위한 직접적인 수단이며, 결혼 생활에서 발생되는 여러 가족 문제를 예방할 수 있는 유용한 도구
- 부부미술치료는 부부간의 상호작용과 의사소통방식, 과거 가족사, 현재 부부의 문제를 탐색하도록 도움
- 부부에게는 의사소통과 표현의 새로운 경험을 제공하고 치료사에게는 부부가 서로 어떻게 상호작용하고 문제들을 해결하는지 등을 볼 수 있음
- 부부공동화에 대한 이미지와 설명들은 부부 각자가 어떻게 느끼고, 어떻게 상호작용 하는지에 대한 통찰력을 제공함
- 기존 부부의사소통훈련 프로그램에서 심리적으로 표현되지 않은 내적인 깊은 갈등의 문제가 부부미술치료에서 표현될 수 있음
  → 근원적인 상처까지도 치료해 주는 중요한 수단이 될 수 있음
- 내면에 감추어진 심상을 표현하고 부부가 함께 작업함으로 인해 자신과 배우자의 표현과 이해가 용이함
- 부부가 긍정적으로 의사소통 하게 되어 부부갈등을 해소하는데 도움을 줄 수 있음
- 부부미술치료 진단기법
  - 말하지 않고 함께 그리기

- 부부관계에 대한 추상화
- 자신의 자화상을 그려 배우자에게 전하기

2. 콜라주미술치료 접근

- 콜라주미술치료는 부부가 콜라주 활동을 통해 부부의 관심과 흥미를 보다 쉽게 이끌어 낼 수 있고, 방어를 감소시킴
- 콜라주 작품을 제작하고 설명하는 과정에서 자기표현의 기회를 갖게 되며, 상호간의 이해를 도와줄 수 있음
- 상호간의 이해를 바탕으로 효율적인 의사소통으로 변화될 수 있음
- 콜라주미술치료는 사진이나 그림들을 이용하여 자신의 감정을 쉽게 나타낼 수 있는 장점이 있음
- 콜라주미술치료는 자신의 어려움을 언어적으로 표현하는 것에 대해 한계를 가진 부부에게 자신의 상황을 이해 할 수 있도록 도와주는 역할을 하고, 자신을 표현할 수 있는 도움을 줌
- 콜라주미술치료는 표현을 통해 나타난 해석, 다양한 사고, 깊은 탐색을 촉진하면서 생각을 표현하고 배우자의 의견을 경청함
  → 부부는 자신을 표현하고, 자신과 배우자에 대한 이해와 수용을 경험하며, 자기 치유력이 생김

3. 부부사례대상 특성

1) 내담자 인적사항
2) 의뢰배경 및 상담배경
3) 내담자의 주호소 문제
4) 가족발달사와 가족력

III. 사례발표 및 수퍼비젼

1. 사례개념화

5) 심리검사 - HTP, PAI, KFD - 남편, 아내

6) 치료자가 본 사례개념화

7) 치료 목표 및
- 남편이 원하는 목표로 '술 조금 마시고 가족과 잘 지내기'
- 아내의 목표 '남편의 금주로 아이들과 마음 편하게 살기'
- 상담을 통하여 각자 자신에 대해 탐색하고, 서로를 이해하고 공감, 소통하는 경험을 한다
- 의사소통방식을 상담에서 배워 기능적인 의사소통을 하도록 한다.
- 남편의 절주를 위하여 부부가 음주 전문기관의 도움을 받아 알콜의존에 대해 바르게 알고 대처하도록 한다.

8) 전 략
- 부부 공동 미술치료와 개인 미술치료를 병행하여 부부관계에 대한 탐색을 도움
- 부부 서로의 욕구와 감정을 언어로 표현하게 함
- 부부 각자가 자신의 긍정적인 자원에 대한 탐색을 통해 부부관계 개

선에 도움을 줌
- 음주를 위한 서로 간에 도움자 역할을 함

9) 치료진행

10) 결 과

- 의사소통능력의 하위 요인 중 자기표현을 위해 콜라주미술치료는 마음에 드는 이미지를 선택하는 과정을 통해 자기감정의 표현을 높이고, 자기표현, 자기개방을 촉진함
- 상대수용은 여러 사진에 자신의 심상을 투사하여 이미지를 선택하고, 그 작품의 상징성을 통찰하는 과정에서 감수성이 발달되어, 작품의 의미에 반응하는 과정에서 자신 뿐 아니라 타인에 대한 수용성이 확장됨
- 상호이해는 문제해결에 이르기 위해 언어적 비언어적 의사소통을 통해 서로 회피하던 문제를 공감하고 상호이해를 이뤄감
- 부부 관계 개선을 위한 미술치료 상담 후 다음과 같은 결과를 얻었다.
① 아내의 목표였던 '남편의 금주로 아이들과 마음 편하게 살기'는 금주는 아니더라도 예전에 비하면 절주를 하고 있고, 조금 과하게 마셨다 할 때는 예전과는 다른 방식으로 남편을 보게 되면서 싸움으로 번지지는 않게 되었다고 한다.
하지만 여전히 다시 되돌아가면 어쩌지 하는 불안감이 있다고 한다.
남편의 이직으로 조금 삶에 변화가 생기는 부분이 아내나 가족에게는 긍정적 변화의 요소로 작용하고 있는 부분도 있어보인다.

② 상담을 통하여 각자 자신에 대해 탐색하고, 서로를 이해하고 공감, 소통하는 경험이 조금씩 현재의 문제가 상대방만의 문제만은 아님을 탐색하게 되었음

　남편은 알콜로 스트레스를 풀고 있는 모습에서 자신의 아버지 모습을 인식하게 되면서 자신의 성장기 고통을 자신의 자녀들도 같이 느끼고 있다는 것을 알면서 알콜에 대한 의존이나 스트레스를 조절하는 조절력이 생기기 시작했음.

　아내도 남편에게 대하는 방식을 수정하고 기능적인 의사소통을 하면서 큰 싸움을 번지는 일들이 줄어들었다.

③ 남편의 절주를 위하여 부부가 음주 전문기관의 도움을 받아 알콜의존에 대해 바르게 알고 대처하도록 하는 부분은 남편이 아내와 함께 잘 참여하고 있다.

2. 수퍼비젼 받은 내용

- 강의 참고